Jerry G. Englert

Pierogi – Ein R(o)adtrip

Die Freunde Frieder, das Alter Ego des Autors, und Günni reisen mit dem Fahrrad durch Polen, ein Land zwischen Hoffnungslosigkeit und Aufbruch. Der amüsante und detailreiche Reiseroman schildert die Erlebnisse der beiden auf dem Weg von Krakau nach Danzig. Nebenbei erfährt man einiges über polnische Gepflogenheiten, nicht zuletzt über das polnische Nationalgericht, die Pierogi.

Jerry G. Englert lebt bei Würzburg und bereist Europa seit 20 Jahren mit dem Fahrrad. Er ist bereits 2002 mit seinem Freund Günni mit dem Fahrrad auf dem Jakobsweg nach Santiago de Compostella geradelt. Mit „Pierogi – ein R(o)adtrip" hat er seinen Debütroman vorgelegt.

JERRY G. ENGLERT

Pierogi – ein R(o)adtrip

Ein Reiseroman über ein Land zwischen
Hoffnungslosigkeit und Aufbruch

Bibliografische Information der Deutschen
Nationalbibliothek :
Die Deutsche Nationalbibliothek verzeichnet diese
Publikation in der Deutschen Nationalbibliografie,
detaillierte bibliografische Daten sind im Internet
über http://dnb.dnd.de abrufbar

Deutsche Erstausgabe
Oktober 2017
© 2017 Gerhard Englert
Herstellung und Verlag: BoD – Books on Demand,
Norderstedt
Umschlagkonzept: Gerhard Englert
Umschlagbild: Gerhard Englert
Satz: Gerhard Englert
Layout: Gerhard Englert
Printed in Germany • ISBN 978-3-744-88987

Danksagung:

Maggi, für die Begleitung auf der Tour

Rüdi, für die redaktionelle Unterstützung

Bernhard, für den technischen Support

Kai, für die Auszeit

Andrea, für die Geduld und für alles

Die kürzeste Antwort auf etwas ist es einfach zu tun.

Ernest Hemingway

Mit dem Fahrrad quer durch Polen?
Warum denn gerade Polen? Wie kommt
man denn auf die Idee?
Polen. Da macht man doch keinen Urlaub
- und schon gar nicht mit dem Fahrrad.
Die klauen euch eure Räder doch unter
dem Hintern weg.

Tja, das waren so die Kommentare, die
wir zu hören bekamen, als wir erzählten,
dass wir mit dem Fahrrad zwei Wochen
quer durch Polen fahren wollen.

*

Polen. Genau Polen.

Warum?

So ganz genau wussten wir es eigentlich
auch nicht.

Eine längere Radtour sollte es wieder mal
sein. Und natürlich nicht irgendeine
Strecke, die jeder fährt.

Immerhin sind wir schon zusammen auf
dem Jakobsweg zweitausend Kilometer
bis Santiago de Compostela geradelt, viele
Jahre bevor Hape Kerkeling
medienwirksam „ich bin dann mal weg"

war und nach Veröffentlichung seines Buches jeder den Camino, wie der Jakobsweg in Spanien heißt, zur Selbstfindung gehen musste.

Immerhin sind wir auch schon mit dem Rad quer durch Deutschland gefahren, von Flensburg bis Oberstdorf.

Also warum sollten wir nicht auch quer durch Polen fahren können?

Klar. Im Gegensatz zum hochentwickelten Urlaubsland Deutschland, in dem es mittlerweile kein Fleckchen mehr gibt, durch das keine Radwege beschildert sind, gibt es in Polen so gut wie keine Radwege.

Und es gibt auch nicht in jedem entlegenen Dorf wie in Deutschland Übernachtungsmöglichkeiten.

Und beklaut wird man in Polen ja auch. So Volkes Meinung.

*

Seid ihr schon mal in Polen gewesen?

Diese Frage müssten eigentlich alle, die

uns so tolle Sprüche über unsere Polen-Radtour gaben, verneinen.

Nein, keiner kennt Polen. Keiner weiß, wie es da aussieht.

Ja, es soll da ja wunderschöne Landschaften geben, hat man gehört oder mal in einem Dokumentationsfilm im Fernsehen gesehen.

Sandstrände an der Ostsee kennt man irgendwie. Masuren, auch das soll sehr schön sein.

Der eine oder andere war sogar schon mal mit einer Busreise in Krakau oder Danzig.

Aber mit dem Fahrrad? Auf eigene Faust? Ihr spinnt doch!

Eben! Weil wir eben auch mal wieder spinnen wollten, fahren wir mit dem Rad auf eigene Faust quer durch Polen.

*

Quer durch Polen, das ist auch wieder so ein Ding. Welche Strecke fährt man denn da am besten?

Mit Ausnahme des Radweges entlang der Ostsee und in den Masuren, also in den bekannten Touristengebieten, gibt es keine ausgeschilderten Radwege.

Beim Blick auf die Karte fällt als erstes auf, dass es einen großen Fluss gibt, der sich quer durch Polen schlängelt, der irgendwo in der Hohen Tatra entspringt und der bei Danzig in die Ostsee mündet. Die Weichsel. Der Nationalfluss Polens, so tausend Kilometer lang. Und die wohl wichtigsten Städte Polens, wenn auch nicht alle, aber alle können wir in zwei Wochen nicht schaffen, liegen entlang der Weichsel - Krakau, Warschau, Thorun und Danzig. Na also, das wär doch unsere Route - die Weichsel von Krakau bis zur Mündung in die Ostsee in Danzig.

Wir sind doch auch schon zusammen die Moldau von der Quelle im Böhmerwald bis zur Mündung in die Elbe geradelt.

Das machen wir.

*

Wir, das sind Günnie und Frieder, beide Ende vierzig.

Der Frieder, das bin ich. Immer perfekt organisiert. Jemand, der alles bis ins Detail plant und nichts dem Zufall überlässt.

Der Günnie, das ist der Günther. Mein Freund seit 30 Jahren. Immer chaotisch, ständig am Improvisieren und immer knapp bei Kasse.

Was für unterschiedliche Charaktere, aber ein unschlagbares Team. Bewährt über Wochen zusammen bei Radtouren auf dem Jakobsweg, auf der Tour quer durch Deutschland und der gesamten Moldau entlang.

Gegensätze ziehen sich ja bekanntlich an - und so ist es bei uns beiden auch.

*

"Und wie kommen wir nach Krakau und von Danzig wieder zurück?", fragte mich Günnie.

"Das muss ich halt mal recherchieren."

Als Ergebnis meiner Recherchen konnte ich Günnie dann folgendes präsentieren:

"Mit dem Zug dauert das ewig und kostet einen Haufen Geld. Günnie, das kannst du dir nicht leisten. Das wird nix mit ,Thank you for travelling with Deutsche Bahn'. Das kannst du vergessen."

"Und wenn wir nach Krakau und von Danzig wieder zurück fliegen, Frieder?"

"Da haben wir bei unserem Rückflug von Santiago de Compostela doch ganz schlechte Erfahrungen gemacht. Weißt du noch, wie die damals unsere Räder quasi als Müll behandelt hatten und wir froh waren, dass die danach noch funktionstauglich waren. Gottseidank war der Flug damals nach der Radtour, da hatten die Räder ihren Dienst ja schon getan. Aber wenn wir nach Krakau fliegen und von dort losfahren wollen, dann sollten die Räder ja noch in Schuss sein. Also Fliegen bringt auch nix."

"Irgendjemand hat mir erzählt, dass er mit dem Rad nach Berlin gefahren ist und von dort mit einem Mietwagen zurück, das Rad im Auto dabei."

"Günnie, auch diese Variante habe ich abgecheckt - mit einem Mietwagen nach Krakau fahren, den dort abgeben und in

Danzig wieder einen mieten für die Rückfahrt. Das ganze scheitert aber daran, dass es bei den Autovermietern keine One-Way-Leihe ins Ausland gibt. Du musst mit der Karre, die du hier in Deutschland mietest, auch wieder zurückfahren. Also müssten wir für zwei Wochen ein Auto mieten, mit dem Mietauto nach Krakau fahren, die Kiste dort irgendwo abstellen und dann wieder von Danzig nach Krakau zurückkommen und mit dem Auto zurückfahren. Zwei Wochen Automiete zahlen für zwei Tage, die wir es brauchen. Das wäre auch Quatsch."

"Wir könnten doch auch mit dem eigenen Auto nach Krakau fahren. Das wäre doch die einfachste und billigste Art und Weise, um nach Polen und wieder zurück zu kommen. " Wenn's um Geld sparen ging, dann war Günnie immer dick dabei.

"Ja schon, aber mit dem Auto nach Polen fahren? Und es dann auch noch zwei Wochen irgendwo in Krakau stehen lassen? Wie war das: Kommen Sie nach Polen, ihr Auto ist schon da. Also, das mach ich mit meinem Auto nicht. Das ist mir zu gefährlich."

"Ich fahr", sagte Günnie. "Ich hab da keine Bedenken, dass die mein Auto klauen. So eine alte Kiste, ein zwölf Jahre alter Ford Focus Kombi. Sowas klaut niemand. Die wollen neue Autos, große und teure Autos."

"Okay." Günnie fährt.

*

"Und wo stellen wir das Auto zwei Wochen lang ab, Frieder?"

"Der Organisator kümmert sich darum, Günnie."

Beim ersten Googeln gleich ein Volltreffer: Es gibt in Krakau, ziemlich nahe an der Altstadt, wo wir auch übernachten wollen, einen bewachten Parkplatz. Der Vermieter hatte eine Homepage und die war sogar auf Englisch und es gab eine E-Mail-Adresse. Ich fragte per Mail an, ob wir vom so-und-so-sten bis zum so-und-so-sten ein Auto für zwei Wochen dort abstellen können und was der ganze Spaß kostet. Die Antwort in gebrochenem Englisch kam schon am nächsten Tag: "You can park your car in our garage from ....to .... We make a reservation for you, if you want. The price is 250 Sloty."

Stolz verkündete ich daraufhin meinem Günnie: "Ich hab mitten in Krakau einen bewachten Parkplatz gefunden, kostet 60 € für zwei Wochen, das sind für jeden 30 €."

"Super. Das freut meinen Geldbeutel", jubilierte Günnie, nachdem er den günstigen Preis gehört hatte.

*

"Wie lange brauchen wir nach Krakau?" fragte mich Günnie.

"Der Routenplaner sagt 9 Stunden und 30 Minuten."

"Boa ey! Ganz schön lange. Da müssen wir ja recht früh losfahren, damit wir gegen Abend da sind und noch was von dem Sommersamstagabend in Krakau haben."

"Jo. Würde vorschlagen, dass Du so um 7 Uhr bei mir bist, dann können wir gemütlich zusammen frühstücken und dann wäre Abfahrt so um 8 Uhr. Wenn alles einigermaßen läuft, dann sind wir so abends um 18 Uhr in Krakau. Zimmer hab ich ja schon gebucht, also könnten wir uns so abends ab 20 Uhr ins Getümmel stürzen."

"Genauso machen wir das, mein Freund."

"Also, schau zu Günnie, dass du dein Zeug alles soweit richtest, damit's am Samstagfrüh wie geplant losgehen kann."

*

Es ging natürlich nicht wie geplant los. Günnie hatte wie immer keine Zeit, sein Zeug für die Tour herzurichten und hatte das auf den Freitagabend verschoben. Freitagabend war er natürlich wieder mal viel zu spät von der Arbeit heim-gekommen, um das noch hinzukriegen.

Und so klingelte am Freitagabend das Telefon bei mir. Meine Fahrradtaschen waren schon nach Packplan abmarschbereit fertiggepackt.

"Frieder, bist du sauer, wenn ich morgen später als vereinbart komme? Bin grad erst heimgekommen und schaff's nicht mehr. Ich pack dann morgen früh und bin so um 9 bei dir."

"Mann, Günnie, Du hast doch ewig Zeit gehabt, um das Zeug herzurichten. Was musst du immer alles auf den letzten Drücker erledigen. Das geht ja schon gut los. Aber es nützt ja nix, wenn ich mich wieder mal über dich Chaoten aufrege. Also gut. Dann fällt aber das Frühstück für dich morgen flach. Wenn wir erst um 10 losfahren, dann wird's zu spät."

"Ja, Papa Frieder, aber eine Tass' Kaff' krieg ich schon noch, bevor wir losfahren."

"Aber natürlich, mein Günnie. Aber um 9 Uhr bist du morgen da."

*

Günnie stand tatsächlich am Samstagmorgen pünktlich um Punkt 9 Uhr bei mir vor der Haustür. Nach einer schnellen Tasse Kaffee wurde mein Rad auf dem Dachträger des guten alten Ford montiert, meine Satteltaschen verstaut und wir fuhren bestgelaunt und erwartungsvoll los.

Was würde uns in Polen erwarten? Wir hatten keine so rechte Vorstellung, was da auf uns zukommen wird. Wo werden wir

19

übernachten können? Wie werden wir ohne Radwege vorwärtskommen? Wie werden wir uns ohne Polnisch-Kenntnisse verständigen können? Werden wir mit Englisch weiterkommen? Alles Fragen, auf die wir im Moment keine Antwort wussten.

Wir wussten nur, dass wir uns beide unheimlich auf dieses Abenteuer freuten.

*

"Hast du die Wettervorhersage gehört, Günnie? Heute soll der heißeste Tag des Jahres werden. 37 Grad im Schatten. Was für ein Kaiserwetter für den Beginn unseres Polen-Trips. Jetzt um 9 Uhr in der Früh ist es ja schon ganz schön warm, da kocht heute der Asphalt auf der Autobahn. Mach doch am besten gleich die Klimaanlage an, dann wird's nicht so heiß im Auto."

"Ähm, Frieder, ähm. Ich wollt's dir ja schon gestern am Telefon sagen. Es ist richtig blöd, dass das grad jetzt passiert ist."

"Was? Was wolltest du mir sagen? Was ist passiert?"

"Na ja. Weils doch heute so heiß gemeldet ist."

"Ja, und? Wir müssen doch heute noch nicht Rad fahren. Heute sitzen wir doch den ganzen Tag im klimatisierten Auto."

"Ähm, darum geht's ja. Ähm, wie soll ich's dir sagen?"

"Was machst du denn für ein Getue und redest um den heißen Brei herum. Sag halt einfach was los ist."

"Also gut. Aber sei nicht stinkig."

"Das kommt darauf an, was es ist. Jetzt sag halt, was los ist und mach die Klimaanlage endlich an, das wird ja immer wärmer hier drin."

"Darum geht's ja. Also, was ich sagen wollte, ist. Ähm, na ja. Die Klimaanlage hat vor 'ner Woche ihren Geist aufgegeben. Wir müssen ohne Klimaanlage auskommen."

"Waaaaas? Das ist nicht dein Ernst, oder? Du wirst mir doch nicht wirklich sagen wollen, daß wir heute bei über 30 Grad im Schatten in einem Auto ohne Klimaanlage zehn Stunden lang auf der Autobahn fahren müssen?"

"Tut mir ja leid, Frieder, aber es ist so. Ich hab ja nicht gewusst, dass es heute so heiß wird."

"Porco Dio! Das wird ja die Hölle. Wenn wir in Krakau ankommen, dann kleben uns die Klamotten am Körper und wir stinken nach Schweiß wie sonst was. Hoffentlich krieg ich keinen Kreislauf-kollaps."

"Nee, wir machen halt einfach die zwei Fenster auf, dann haben wir Durchzug und dann halten wir das aus."

"Na klasse, Günnie. Weißt du, wie laut das hier im Auto sein wird, wenn die Fenster auf der Autobahn offen sind? Und dann zieht es hier drinnen wie Hechtsuppe und ich bekomme wahrscheinlich ein steifes Genick. Mann oh Mann, hättest du das nicht eher sagen oder die Klimaanlage reparieren lassen können?"

"Ja, aber jetzt ist es zu spät. Jetzt müssen wir da durch. Nur die Harten kommen in den Garten."

"Was uns nicht umbringt, macht uns nur stärker. Ist klar. Da müssen wir jetzt aber heute verdammt viel Wasser trinken, da werden einige Liter Schweiß verdunsten. Gottseidank hab ich vier große Wasserflaschen dabei. Wie viele Flaschen hast du dabei, Günnie?"

"Ähm, na ja, Frieder. Du weißt ja, dass es gestern wieder spät geworden ist und ich in aller Hektik packen musste. Ich hab eigentlich gar kein Wasser dabei."

"Das ist nicht dein Ernst Günnie, oder? Du willst am heißesten Tag des Jahres zehn Stunden lang ohne Klimaanlage mit dem Auto fahren und hast keinen Tropfen Wasser dabei? Du bist echt der größte Chaot unter der Sonne."

"Ja, aber mein Papa Frieder hat doch Wasser dabei und gibt mir doch sicher eine Flasche ab, oder?"

"Nee, ich lass dich verdursten. Selbst schuld. Wenn du kurz vorm Abnippeln bist, dann sag Bescheid. Vielleicht erbarme ich mich ja und geb' dir einen Gnadentropfen."

Natürlich habe ich ihm dann irgendwann

eine Flasche Wasser gegeben, die hat er dann fast in einem Zug leergetrunken, der arme Kerl.

"Günnie, Du bist echt wie ein kleines Kind. Und ich muss jetzt wieder zwei Wochen lang auf dich aufpassen."

"Aber das machst du doch gern, Papa."

"Ja, ja."

*

Stundenlang saßen wir schon schweißgebadet in Günnies nicht klimatisierten Ford und durchfuhren die neuen Bundesländer auf dem Weg nach Polen. Die blühenden Landschaften, die Helmut Kohl 1989 versprochen hatte, zogen an uns vorbei.

Von Stunde zu Stunde erhitzte die Sonne den Innenraum unseres Vehikels immer mehr, die Windschutzscheibe wirkte wie ein Treibhaus. Jeder Schluck Wasser, den ich trank, verdunstete augenblicklich über meine Hautoberfläche. Das gute und teure atmungsaktive Outdoor-Funktionshemd von Schöffel war schon lange nicht mehr in der Lage, die versprochene Schnelltrocknung zu erledigen und klebte zwischenzeitlich klatschnass an meinem Körper. Die Forschungsabteilung von Schöffel hatte wohl nicht damit gerechnet, dass es im Jahr 2013 noch Menschen gibt, die zehn Stunden lang ohne Klimaanlage bei 38 Grad im Auto sitzen. Jedenfalls war das gute Stück nicht für diese Extrembelastung ausgelegt und versagte ab der ehemaligen Zonengrenze seinen Dienst. Um nicht vollends zu ersticken, hatten wir die beiden Heckfenster schon nach wenigen Kilometern auf der Autobahn bis zum Anschlag geöffnet. Dies brachte zwar etwas Frischluftzufuhr und somit Linderung für unsere überhitzten Körper, verursachte aber auch eine ohrenbetäubende Lautstärke im Auto, durch die Zugluft und die Lastwagen, die wir überholten.

*

Auf den blauen Autobahnhinweistafeln war mittlerweile schon "Polen" oder "Breslau" angeschrieben. Es konnte nicht mehr weit bis zur Grenze sein. Die Sonne schien aber grenzübergreifend, die Hitze macht wohl vor Staatsgrenzen keinen Halt.

"Gleich sind wir in Görlitz, Günnie, Das soll ja eine wunderschöne Stadt sein. Da bin ich mal gespannt, ob das stimmt. Wir werden es ja sehen, wenn wir gleich durchfahren."

"Und wenn wir durch Görlitz durch sind, dann marschieren wir in Polen ein, stimmt's Frieder?

"Ja, Görlitz liegt direkt an der Grenze zu Polen. Aber das mit dem Einmarschieren ist so eine Sache. Da sind schon mal vor über 70 Jahren Deutsche in Polen einmarschiert. Die Geschichte war nicht lustig. "

"Bei uns wird's aber lustig, Frieder, garantiert."

„Da bin ich mir sicher."

"Was ist jetzt das? Autobahn zu Ende. Hä? Wie? Und jetzt?" fragend schaute mich Günnie vom Fahrersitz aus an, als ein monströses Schild vor uns auftauchte, das darauf hinwies, dass die Autobahn gesperrt ist und dass der Verkehr nach Görlitz und in Richtung Polen über Nebenstraßen umgeleitet wird.

"Ey, das gibt's ja nicht! Da hört die Straße einfach auf."

"Du musst da rechts raus fahren, Günnie. Da steht "Richtung Polen". Hoffentlich ist das durchgehend beschildert. Ich habe nämlich keine Karte von der Gegend hier dabei. Es ist jetzt nur schade, dass wir nicht durch Görlitz kommen. Görlitz hätte ich schon gern gesehen. Aber wir sind schon ziemlich spät dran. Wir müssen jetzt der Beschilderung folgen."

"Trotzdem bescheuert."

*

Günnie folgte den Hinweisschildern mit der Aufschrift "Polen", es ging recht zügig voran, da wenig Verkehr herrschte. Nach wenigen Kilometern kam die nächste Beschilderung.

"Baustelle. Na klasse. Da darf man jetzt nur 70 fahren. Da wirst du von der Autobahn herunter geleitet und dann kommst nicht vorwärts, weil eine

Geschwindigkeitsbeschränkung ist."
Günnie regte sich tierisch auf, dass er
nicht Bleifuß spielen konnte.

"Ja, aber die Straße ist frei. Da kannst du
mehr als 70 fahren. Wir wollen ja heute
noch ankommen. Also gib' Stoff, sonst
schiebt dich der Cayenne hinter uns noch
von der Straße."

"Garantiert nicht. Das soll der sich mal
trauen. Ich bin ja nicht Schmittchen
Schleicher. So Junge, jetzt schau mal, dass
du nachkommst."

Günnie gab den Vettel und versägte
seinen Hintermann.

"Den hast du aber jetzt abgehängt. Der
Cayenne hält sich ja echt an die 70."

Günnie freute sich wie ein kleines Kind,
dass er es dem Porsche Cayenne mit
seinem alten Ford Focus Kombi gezeigt
hatte.

Die Freude hierüber währte aber nicht
lange. Der Cayenne-Fahrer fuhr nämlich
nicht umsonst so langsam.

"Scheiße. Da war ein Blitzer."

Günnies Gesicht verfärbte sich
schlagartig.

"Nee, oder. Ich hab' nix bemerkt. Da hat
sich wahrscheinlich die Sonne gespiegelt."

"Mein Freund, das war ein Blitzer. So oft
wie ich das ganze Jahr über geblitzt
werde, kenn ich mich da aus. Garantiert.
70 ist erlaubt, 100 bin ich gefahren, das
kostet ein paar Öhre. Scheiße, verdammte
Scheiße. Die blöden Ossies. Erst sperren
die die Autobahn und dann zocken sie uns
ab. Hätten die doch die Mauer gelassen
wie sie war und ..."

"Dann könnten wir jetzt aber nicht nach
Krakau fahren. Also das Thema
Wiedervereinigung ist durch und das ist
gut so."

"Hast ja Recht Frieder. Aber stinken tut's
mir schon. Bin mal gespannt, wieviel die
mir abnehmen. Wenn wir wieder daheim
sind, dann wird das Briefchen schon da
sein." In Gedanken ging mein Günnie wohl
schon mal seinen Kontoauszug durch und
überlegte, ob er das Bußgeld bezahlen
kann.

*

"Sind wir jetzt schon in Polen, Frieder?"

"Sieht ganz so aus. Es ist beinahe unglaublich, dass man das überhaupt nicht merkt und es hier keine Grenzkontrollen mehr gibt. Vor der Wende zu Ostblockzeiten waren hier garantiert Stacheldrahtzäune gestanden und grimmig dreinblickende Grenzsoldaten hatten mit beißwütigen Hunden an der Leine jedes Auto, das über die Grenze fuhr, gefilzt bis zum geht nicht mehr. Jetzt fährst du auf ein und derselben Straße und bist plötzlich schon nicht mehr in Deutschland sondern in Polen."

"Landschaftlich hat sich ja auch nichts verändert."

"Und kälter geworden ist es auch nicht. Auch in Polen wäre heute eine Klimaanlage dringend notwendig, Herr Günnie!"

"Ist ja schon gut. Das nächste Mal lass ich die ja vorher reparieren."

"Das nächste Mal. Klasse. Wahrscheinlich

sind es dann nur 15 Grad und die Klimaanlage funktioniert. Na ja, jetzt haben wir ja schon einen großen Teil der Strecke geschafft und sind immer noch am Leben."

*

Wroclaw, also Breslau, hatten wir schon eine Zeit lang hinter uns gelassen. Die Abfahrt Katowice hatten wir auch schon passiert. Weit konnte es jetzt nicht mehr sein bis Krakau. Es war ja auch schon spätnachmittags und wir waren mittlerweile schon ganz ausgemergelt von der Hitze.

"Schau mal. Da steht Oswiecim. Weißt du, wie die Stadt auf Deutsch heißt?" fragte ich Günnie, als das Hinweisschild rechts an der Autobahn auftauchte.

"Keine Ahnung, wie denn?"

"Auschwitz. Das größte Konzentrationslager im dritten Reich war in Auschwitz. "

"Kenn ich. Und schau mal nach links, der rauchende Schornstein. Das ist scheinbar noch in Betrieb."

"Ooooouuuh. Da macht man aber keine Witze drüber. Mein lieber Schieber, Günnie."

"Hast Recht. Hat halt nur grad gepasst, weil der Schornstein direkt auf Höhe der Ausfahrt Auschwitz steht."

*

"Krakow 30 km" stand auf dem Autobahnwegweiser.

"Jetzt ist nicht mehr weit bis Krakau. Günnie, gib mal bitte die Adresse vom Hotel in dein Navi ein, bevor wir uns verfranzen."

"Ein Navi, das in Polen funktioniert. Da sagst nix mehr, oder? Was brauchen wir eine Klimaanlage, Hauptsache wir haben ein Navi." Günnie war von seinem Navi begeistert.

"Du bekommst gleich von mir einen Satz heiße Ohren. Aber echt. Seit neun Stunden brate ich hier in deiner Kiste und du reißt die Sprüche. Mein Hirn ist schon ganz ausgedörrt von der Hitze, ich hab während der Fahrt heute garantiert drei Liter Wasser raus geschwitzt. Also

Vorsicht mit dem, was du sagst."

"Aber wir ham's gleich geschafft. Ohne Klimaanlage, aber mit Navi nach Krakau."

"Günnie, Vorsicht, Papa Frieder ist nicht zum Scherzen aufgelegt."

*

Günnies Navi führte uns tatsächlich direkt zu dem eingegebenen Ziel, dem bewachten Parkplatz, bei dem es sich um eine Baulücke inmitten der Altstadt handelte. Dort, wo bis vor kurzem noch ein Haus stand, das abgerissen worden war, stand jetzt Auto an Auto. Aus einer notdürftig errichteten Baracke, die an der Einfahrt zum Parkplatz als Pforte diente, kam ein zahnloser älterer Herr, der sich hier als Parkplatzwächter wohl zu seiner Rente ein paar Sloty dazuverdiente, auf uns zu.

Er begrüßte uns und fragte irgendwas. Mangels Polnisch-Kenntnissen erschloss sich uns seine Frage nicht. Die Frage "Do you speak English" erschloss sich wohl ihm nicht, jedenfalls schaute er uns mit fragendem Blick an und antwortete nicht.

Kommunikation somit zwecklos.

Wir zeigten ihm den Ausdruck der E-Mail seines Chefs und deuteten auf das heutige Datum, das den Beginn des Mietverhältnisses anzeigte. Er prüfte einen Eintrag in seinem Kontrollbuch und stellte wohl fest, dass wir dort bereits vorgemerkt waren. Ford Focus Kombi stand da, und daneben stand „Niemiec", also "Deutscher".

Was nicht in der Kladde stand, war, wie lange wir parken wollten.

Mithilfe unserer Finger verständigten wir uns auf 14 Tage. Die vereinbarten 60 Sloty mussten wir im Voraus bezahlen.

"Ob der Opa verhindern kann, dass die Autos geklaut werden, wenn hier irgendwelche Autoknacker nachts einsteigen?" fragte mich Günnie.

"Der hat mein vollstes Vertrauen. Und außerdem liegt der Parkplatz dermaßen zentral und ist so hell ausgeleuchtet, dass ich nicht glaube, dass hier eingebrochen wird. Ich bin mir tausendprozentig sicher, dass dein guter alter Ford noch dasteht, wenn wir wieder zurückkommen."

"Dein Wort in Gottes Ohr, Frieder."

Wir demontierten unsere Räder vom
Auto, befestigten die Packtaschen an den
Rädern und machten uns auf den Weg
zum Hotel, das sich in der gleichen Straße
wie der Parkplatz befand.

*

Das Hotel machte schon äußerlich einen
sehr ansprechenden Eindruck, der sich
auch im Foyer-Bereich und im Zimmer
bestätigte. Nur ein paar Meter vom Hotel
entfernt begann die Fußgängerzone von
Krakau.

"Na Günnie, habe ich das Hotel nicht
wieder bestens ausgesucht? Mitten in
Krakau, nur ein paar Schritte vom
Zentrum entfernt."

"Das bin ich von meinem Frieder auch gar
nicht anders gewohnt. Hätte mich
gewundert, wenn es anders gewesen
wäre."

*

Auf diesen Augenblick hatten wir uns
schon den ganzen Tag gefreut, das

Aufdrehen der Dusche. Wir fühlten uns wie neugeboren, als der sanfte Wasserstrahl langsam den Körper herabrann und den Duschschaum abspülte. Die am Tag um gefühlte fünf Grad gestiegene Körpertemperatur näherte sich wieder dem Normalwert. Die Haare trennten sich von den Schweißperlen, die tagsüber in Massen angedockt waren.

"So eine Dusche wirkt wirklich Wunder. Vor allem nach so einem Tag im Auto, wo einem abends die Klamotten mit dem Schweiß am Körper festkleben, weil der Herr Günnie seine Klimaanlage nicht hat reparieren lassen."

"Na dann wollen wir doch mal sehen, was in Krakau an so einem lauen Sommersamstagabend los ist." strahlte mein Günnie frischgeduscht und splitternackt vor mir stehend, meine Anspielung auf die Klimaanlage hatte er großzügig überhört.

*

Und was da los war.

"Sind wir wirklich in Polen? Ich komme mir vor wie irgendwo in Süditalien." Mein erster Eindruck vom Marktplatz in Krakau war überwältigend.

Samstagabend, 20 Uhr. Die unübersehbare Temperaturanzeige am Hauptmarkt in Krakau zeigte immer noch 30 Grad. Der riesige Platz mit den an arabische Gebäude erinnernden Tuchhallen in der Mitte, war gefüllt mit Menschenmassen.

Gut gelaunt schlenderten alle, sommerlich leicht bekleidet, entlang der unzähligen Straßenlokale und der aufgebauten Marktstände.

Eine Gruppe von Breakdancern führte den Gästen eines angrenzenden Straßencafés ihre Kunst vor und ließ anschließend den Hut kreisen, um die verdiente Entlohnung für ihre Darbietung einzusammeln.

Der Platz war hell erleuchtet und strahlte eine Atmosphäre aus, die einfach gute Laune machte.

"Das hätte ich in Polen echt nicht erwartet. Hier ist es mindestens genauso schön und warm wie in Venedig. Und was es hier für schöne Menschen gibt. Vor allem die Frauen. Man könnte meinen, hier hätten sich die hübschesten Frauen mit den schönsten Beinen aus ganz Polen zusammengefunden. Man weiß ja gar nicht, wo man zuerst hinschauen soll. Das müssen wir genießen." Günnie stimmte mir hier kopfnickend bei.

In einem der Straßenlokale am Platz genossen wir es ausgiebig, die vorbeiflanierenden Pärchen und schönen Mädchen in ihren Sommerkleidchen und Hot Pants zu beobachten.

Wir studierten die Speisekarte, um das erste Essen in Polen auszusuchen. Auf der Karte standen viele typische polnische Gerichte, wie mir ein Blick in den Reiseführer offenbarte. Günnie fragte mich ständig, um was es sich bei diesem oder jenen Gericht, dessen Namen er noch nie gehört hatte, handelt.

Am Nachbartisch links von uns wurde gerade ein Riesenteller Schaschlik serviert, rechts von uns ein Teller mit Fleisch und Sauerkraut. Fragend blickte Günnie mich an.

"Das mit dem Sauerkraut nennen sie hier Bigosz. Sieht gut aus, schmeckt sicher auch gut. Aber bei den Temperaturen ist Sauerkraut nicht das Passende."

Wir lasen weiter in der Speisekarte.

"Pierogi. Ich esse Pierogi. Das Nationalgericht der Polen. Das muss sowas sein wie die Maultaschen im Schwabenland oder Ravioli in Italien."

"Dann esse ich die auch." Günnie schloss sich meiner Bestellung an.

Hausgemachte gefüllte Nudeln in einem Straßencafé in einer lauen Sommernacht. Dazu ein kühles Bier, das sie in Polen Piwo nennen. Und der Anblick tausender schöner Frauen mit noch schöneren Beinen. Wir waren wunschlos glücklich.

"Günnie, das ist echt eine krasse Mischung hier. Ein Platz wie in Italien. Diese riesigen Tuchhallen, die vom Baustil her auch in einem arabischen Land stehen könnten und dann die weißen Pferdekutschen wie in Wien. Hast du die Kutscherinnen gesehen? Da möchte man doch wirklich gleich eine Runde mitfahren."

Ein ständiges Pferdehufgeklapper war aus dem Gemurmel der Menschenmassen herauszuhören. Die Kutschen fuhren die Touristen bis spät in die Nacht hinein durch dieses traumhafte sommerliche Krakau mit seinen wunderschönen Gebäuden.

*

"Ich muss mal aufs Klo." Nicht eine Minute, nachdem er das gesagt hatte, stand Günnie schon wieder vor mir. "Woher weiß ich denn, welches das Männerklo und welches das Frauenklo ist? Da steht nix drauf auf den Klotüren. Auf der einen Tür ist ein Dreieck und auf der anderen ein Kreis. Frieder, weißt du, was die Symbole bedeuten?"

"Ach Günnie. Hast dich wieder mal perfekt auf das Land, in dem wir uns jetzt zwei Wochen lang aufhalten werden, vorbereitet. Was wärst du ohne mich. Du bist echt zu blöd, um alleine aufs Klo zu gehen. Die Herrentoiletten sind mit einem Dreieck gekennzeichnet und die Damentoiletten mit einem Kreis. Kannst du dir das bis zur Toilettentür merken?"

"Ja ja, Danke Papa Frieder."

*

Wo viele Touristen sind, muss natürlich auch nachts was geboten werden. Und so waren die Seitenstraßen gesäumt von Nachtlokalen, vor denen geschminkte Damen in Netzstrümpfen, Korsagen und High Heels die männlichen Nachtschwärmer für einen Besuch anwarben.

Günnies Budget war wie immer zu knapp bemessen, so dass wir dieses Vergnügen ablehnen mussten.

Aber viele Männergruppen schwärmten in die zahlreichen Etablissements und kamen später wieder laut grölend heraus.

Als aus einem der unzähligen Lokale, in denen Livebands spielten, war "it's the ho-o-o-o-nky tonk women, gimme, gimme, gimme the honky tonk blues" zu hören und wir konnten nicht umhin, hier einen Stopp einzulegen und der Band zuzuhören.

Die bekannten Rock-Klassiker wurden zum Besten gegeben, gesungen von einer jungen blonden Sängerin mit einem verboten kurzen Jeans-Rock. Nicht nur die tolle Musik zog uns hier in den Bann.

Um Mitternacht war für uns Schicht im Schacht, wir wollten ja am nächsten Tag zeitig unsere Tour beginnen.

Hauptmarkt Krakau an einem Sonntagmorgen. Ein fast menschenleerer Platz. Man könnte nicht meinen, dass dies der gleiche Platz war, der am Abend vorher noch von Menschenmassen gefüllt war. Die Verkaufsstände waren abgebaut, die Straßenreinigung beseitigte die liegengebliebenen Reste vom Vorabend. Wieder eine ganz eigentümliche, friedliche Stimmung an diesem Ort. Und ohne die Marktstände und menschenleer kam einem der Platz noch größer vor als am Vorabend. Das muss wirklich einer der größten Marktplätze Europas sein. Ein Platz, in den man sich verlieben kann.

"Das ist echt einer der schönsten Plätze, die ich je gesehen habe. Und ich habe schon viele gesehen, in aller Herren Länder."

"Jo. Bisher hat mir Polen auch sehr gut gefallen. Mal sehen, was heute auf uns zukommt.", meinte mein Günnie.

*

Und was kam als erstes auf uns zu? Kaum dass wir hundert Meter gefahren waren.

"Stopp mal. Ich glaube, ich habe einen Platten."

"Das ist nicht dein Ernst, Günnie, oder?"

Doch, es war sein Ernst. Erster Platten gleich am ersten Tag in der ersten Stunde der Tour.

Das geht ja schon mal gut los, denke ich mir. Aber wirklich überrascht hatte mich das nicht. So gut wie er immer sein Fahrrad pflegte. Bei der Moldau-Tour hatte er insgesamt sieben Platten.

Für einen Weltmeister im Plattenflicken wie meinen Günnie bedeutete so ein Zwischenfall aber nur eine geringe Zeitverzögerung. Flickzeug hatte er natürlich nicht dabei, aber für sowas hatte er ja seinen Frieder. Und mit Frieders perfekt sortiertem Werkzeug war es ein Kinderspiel, den Reifen zu reparieren.

Mit schmutzigen Händen, aber gut gelaunt fuhr Günnie nur kurze Zeit später wieder hinter seinem Scout her.

*

"Jetzt müssen wir erst mal sehen, dass wir

an die Weichsel kommen. Und da dann irgendwie Richtung Osten", instruierte ich meinen orientierungslosen Begleiter.

Am Wawel, dem Schloss Krakaus und Krönungsort der polnischen Könige, ging es vorbei zur Weichsel, polnisch Wisla.

Tatsächlich war hier ein Radweg markiert, eine Beschilderung fehlte aber noch gänzlich. So orientierten wir uns am Stand der Sonne und fuhren die ersten Meter entlang der Wisla in Richtung Osten. Die Wisla war ein breiter Fluss, der hier eine eigentümliche Ruhe ausstrahlte.

*

Der Weg führte uns, immer am Fluss entlang, durch die grünen Erholungsflächen dieser Großstadt aus Krakau hinaus.

*

Irgendwann, in einem der Vororte Krakaus, war der Radweg zu Ende und ich stand mit der Karte in der Hand am Straßenrand, um den weiteren Weg zu finden. Günnie stand neben mir und schaute mich erwartungsvoll an.

Ein tätowierter Langhaariger mit Oberarmen wie ein Türsteher vom Hamburger Kiez und einem Kampfhund an der Leine fragte uns, ob er uns helfen kann und erklärte uns dann in freundlichen Worten, die gar nicht so recht zu seinem Äußeren zu passen schienen, auf Englisch den besten Weg in die Richtung, in die wir fahren wollten.

"Dem möchte ich nachts wirklich nicht begegnen. Und dann noch das Riesenteil an seiner Leine. Der wenn auf dich zu rennt, kannst du das Ave Maria beten." Günnie hatte gehörigen Respekt vor den beiden.

"Aber nett war er, total nett. Und er hat fast perfektes Englisch gesprochen. Erstaunlich."

*

Da kein Radweg mehr vorhanden war, mussten wir uns mehrere Kilometer lang eine Straße mit den vorbeirauschenden Autos teilen.

Irgendwann ging mir der Autolärm gegen den Strich und ich studierte die Karte und fand eine Alternativroute.

"Das gefällt mir ja überhaupt nicht hier. Da vorne gibt's eine Brücke über die Weichsel, da fahren wir rüber und drüben entlang. Ab Niepolomice führt so ein Sträßchen immer rechts der Weichsel entlang."

*

Sonntagsruhe herrschte in allen Dörfern, durch die wir hindurch fuhren. Alle Dörfer glichen einander wie ein Ei dem anderen. Ein Dorfteich, ein Marienaltar und Storchennester auf allen Kaminen und Strommasten.

Beim ersten Storch, den wir erblickten, blieben wir erstaunt stehen, fotografierten ihn von allen Seiten und freuten uns, endlich einen Meister Adebar gesehen zu haben. Der zweite Storch war zu sehen, der dritte und dann unzählige. Man gewöhnte sich an den Anblick, aber es war auch nach dem zigsten Storch noch faszinierend, diese Tiere zu beobachten.

*

Zwischenzeitlich hatte die Temperatur wieder die des Vortages erreicht. Die Sonne brannte unaufhörlich. Bei jedem

Einkaufsmarkt, der an der Strecke lag,
füllten wir unsere Flüssigkeitsvorräte auf.
Glücklicherweise sind die Einkaufsmärkte
in Polen auch sonntags geöffnet, und das
in jedem noch so entlegenen Kaff.

Meine Schirmmütze schütze mich gegen
Sonnenbrand am Kopf, meine
Sonnenbrille gegen die blendende Sonne.
Günnie hatte natürlich bei seinem
hektischen Packen am Vorabend beides
vergessen. Sein schütteres Haar konnte
die Sonnenstrahlen nicht abhalten und die
Folge war ein ordentlicher Sonnenbrand
auf dem Kopf am Abend. Aber das wusste
er jetzt am Nachmittag noch nicht.

*

"Ich hab Kohldampf. Meinst, wir finden
hier ein Lokal, wo es was zu essen gibt?"

Günnie hatte Recht. Es war schon 13 Uhr
und das Frühstück war längst
abgestrampelt.

"Da ist ein Imbiss. Mal schauen, was es da
gibt."

Wir setzten uns auf die Holzbänke im
Freien vor dem Imbiss.

Ein überdimensionaler Sonnenschirm
spendete Schatten. Ein wunderbares
Plätzchen für eine Mittagsrast.

Die Antwort der Bedienung, was es denn
für eine Spezialität zu essen gäbe, war
nicht sonderlich überraschend: Pierogi.

"Zweimal bitte", bestellte ich.

"Und ein Mal die Suppe", ergänzte Günni.
Das Angebot der schlanken Bedienung,
dass es auch eine Tagessuppe gäbe,
konnte er nicht ausschlagen. "Hm, Suppe.
Ich liebe Suppe."

"Hast du überhaupt gefragt, was es für
eine Suppe gibt?"

"Nö. Tagessuppe halt. Da lass ich mich
überraschen."

Mit einer Zigarette im Mundwinkel stellte
die schlanke blonde Imbiss-Besitzerin den
Suppenteller vor Günnie auf den Tisch.

Ich fragte sie, was es denn für eine Suppe
sei. Sie nannte mir den polnischen Namen
„Flaki".

Im Wörterbuch schlug ich nach, was Flaki

auf Deutsch heißt, während Günnie schon fleißig löffelte.

Ich fand heraus, was Flaki bedeutet.

"Weißt du, was du da isst? Kuttelsuppe. Du isst Kutteln. Igitt. "

"Kutteln? Mm. Gut. Das hab ich schon als Kind gern gegessen. Das gab's bei uns daheim oft. Mein Papa war doch Metzger." Günnie war von seiner Suppe begeistert.

"Günnie, wer Kutteln isst, der frisst auch kleine Kinder."

Günnie ließ sich die Suppe schmecken und anschließend noch die Pierogi, dieses Mal mit einer anderen Füllung als am Abend vorher.

Ergänzt um zwei Piwo fuhren wir nach der Mittagspause gestärkt weiter.

*

Die Straße führte zwei Stunden lang durch kleine Dörfer, die allesamt im sonntäglichen Mittagsschlaf lagen. Lazy Sunday afternoon.

*

"Und jetzt?"

Günnies Frage war berechtigt. Die Straße
endete plötzlich und wir standen am Ufer
der Weichsel.

In dem Moment, in dem wir uns fragten,
wie wir den Fluss überqueren könnten,
kam schon eine Fähre vom
gegenüberliegenden Ufer herangefahren.

Der Fährmann, an diesem sonnigen
heißen Tag mit freiem Oberkörper,
braungebrannt und so etwas wie einem
Lendenschurz um die Hüfte gebunden,
erinnerte mich mit seinen blonden, nach
hinten gekämmten Haaren, an Burt
Lancaster in dem Film "Der rote Korsar".

Der polnische Burt-Lancaster-Fährmann
brachte uns sicher an das andere Ufer
über diesen ruhigen, mit wenig Strömung
dahinfließenden Fluss.

Beim Übersetzen über den Fluss, auf einer
Bank auf der unterstromigen Seite der
Fähre sitzend, fiel mir beim Betrachten
der ruhigen Strömung der Weichsel der
Titel eines schönen französischen Filmes

ein, den ich vor nicht allzu langer Zeit gesehen hatte: „Das Leben ist ein langer, ruhiger Fluss."

*

"Meinst nicht, dass wir langsam mal nach einer Übernachtung schauen sollten, es ist schon halb sechs und wir sind heute schon 110 Kilometer gefahren?" Günnie schaute mich fragend an.

"Du meinst, ICH soll mal schauen, ob ich eine Übernachtung für uns finde."

"Selbstverständlich, Massa Buana Frieder."

"Hab auch grad dran gedacht, dass es für heute reicht. Mal schauen, ob wir hier was finden. Ich hab den ganzen Tag kein einziges Hotel gesehen. Wir sind aber auch nur Nebenstraßen gefahren. Jetzt sind wir ja in einem Dorf an der Bundesstraße. Da vorne ist eine Tankstelle. Ich geh mal rein und frag, ob die uns ein Hotel empfehlen können."

*

"Hello. Do you speak english?"

"A liddel bid."

"Is there a hotel or pensionat in this town?"

"No."

"Where is the next hotel?"

"The next hotel? Ten Kilometre."

"Ten kilometer. Which Direction?"

"Krakau."

"Krakau? We come from Krakau. And in the other direction, there is no hotel?"

"Don't know."

"Thank you."

*

"Und? Welches Hotel wird empfohlen?"

"Schön wär's, wenn wir uns das aussuchen könnten. In dem Kaff gibt es keine einzige Übernachtungsmöglichkeit. Das nächste Hotel ist zehn Kilometer entfernt, Richtung Krakau."

"Richtung Krakau? Aber da kommen wir doch her. Willst du wieder zurückfahren, Frieder?"

"Natürlich nicht. Du weißt doch, dass wir immer nach der Maxime von Erich Honecker fahren „Vorwärts immer, rückwärts nimmer". Aber irgendwo müssen wir ja übernachten. Es gibt nur eine Möglichkeit. Wir müssen an der Bundesstraße weiter fahren, weil an den Nebenstraßen finden wir garantiert nix."

"Es bleibt uns ja nix anderes übrig. Also vamos."

*

Ein LKW nach dem anderen brauste an uns vorbei. Der Windzug warf uns jedes Mal fast in den Straßengraben. Was war das heute den ganzen Tag über für eine tolle und ruhige Strecke, im Gegensatz zu dieser viel befahrenen Hauptstraße. Hier machte das Rad fahren nicht wirklich Spaß.

*

"Stopp! ", rief ich.

"Wieso? Hast du ein Hotel gesehen?"

"Da vorne. Das Schild da. Da fahren wir mal hin.

„Agroturystyka. Was heißt das?" Günnie hatte mal wieder - mangels Vorbereitung auf Land und Leute - überhaupt keine Ahnung.

"Das ist sowas wie ‚Urlaub auf dem Bauernhof', erklärte ich ihm. „Da soll man günstig übernachten können. Gibt's anscheinend immer häufiger in Polen."

"Günstig übernachten? Na, das hört sich doch gut an. Und wo ist der Bauernhof?"

"Du kannst doch lesen, oder? Auf dem Schild ist ein Pfeil nach links und da steht ‚3 km'".

*

Wir folgten der Beschilderung, die nach ungefähr einem Kilometer nach rechts wies. Der Weg führte bergab, wir ließen die Räder rollen.

"Wau wau wauwauwau wauwau". Zwei giftige kleine Köder schossen plötzlich aus

55

einem Garten heraus und bellten und sprangen uns an.

"Drecksviecher, elendige." Treffender als Günnie hätte man es nicht formulieren können.

Wir traten in die Pedale und schauten, dass wir Land gewannen. Die Kläffer blieben stehen.

"Und wo ist jetzt der Bauernhof?" fragte ein verdutzter Günnie.

Die Straße war zu Ende und wir standen auf einer Wiese.

"Hast du irgendwo ein Schild gesehen?" fragte ich.

"Nee, ich hab mich nur um die zwei Köder gekümmert."

Ich erkundete die Umgebung und sah das Hinweisschild an der Straße, auf der wir gerade den beiden beißwütigen Vierbeinern entkommen waren.

"Da vorne. Schau. Da ist das Schild Agroturystyka. Genau da, wo die zwei Hunde uns angekläfft haben, ging's links weg. Wir müssen zurück."

Gottseidank waren die beiden Kläffer wieder in ihre Behausung zurückgelaufen und wir konnten von ihnen unbemerkt den Bauernhof ansteuern.

*

Vor dem Scheunengebäude stand ein junger Mann und blickte uns erwartungsvoll entgegen.

"Hallo. Wir suchen ein Zimmer für eine Nacht. Haben Sie was frei und was kostet das?" fragte ich auf Englisch.

"Haben wir. 40 Sloty pro Person. Mit Frühstück." Die Antwort kam auf Deutsch. Wir waren wohl unverkennbar als Deutsche zu identifizieren.

"Günnie, das kostet nur 10 Euro für jeden. Das nehmen wir."

"Und wo können wir unsere Fahrräder unterstellen, ohne dass die geklaut werden?" frage ich weiter, dieses Mal auf Deutsch.

"Hier wird nichts gestohlen. In der

Scheune ist aber Platz."

*

Neben der Scheune weideten zig Pferde auf der Wiese.

"Haben Sie eine Pferdezucht.", fragte ich den Jüngling.

"Nein, nicht meine. Ich arbeite nur hier. Kümmere mich um die Pferde."

"Günnie, das ist ein Pferdeflüsterer."

"Da bin ich lieber ein Frauenflüsterer. Hahaha."

"Du bist ein Depp. Jetzt frag ich den Pferdeflüsterer mal, ob's hier auch was zu essen gibt."

"Sagen Sie mal, gibt's hier ein Restaurant oder wo kann man was essen?"

"Kein Restaurant. Aber meine Mama kocht sehr gut. Wollen Sie bei ihr essen? Ich fahre jetzt sowieso zu ihr."

„Könnten wir uns vielleicht zuerst duschen. Wir sind bei dieser Hitze 115

Kilometer gefahren und sind total
verschwitzt.

"Wenn Sie essen wollen, dann müssen wir
gleich fahren. Sie hat später noch was
vor."

"Na also gut. Besser nicht geduscht
gegessen als frisch geduscht verhungert."

*

„Mein Auto. Bitte einsteigen."

"Ein Polo, aha. Sie fahren ein deutsches
Auto. Selbst geklaut?", fragte ich den
Pferdeflüsterer.

"Wie bitte?"

"Haben Sie das Auto in Deutschland selbst
geklaut?"

"Geklaut. Nein, nicht gestohlen, gekauft.
Wie kommen Sie auf sowas?"

"Ich dachte, dass alle deutschen Autos, die
in Polen rumfahren, in Deutschland
geklaut wurden."

"Denken die Deutschen das?"

"In Deutschland sagt man: Kommen Sie nach Polen, Ihr Auto ist schon da."

"Was? So denken die Deutschen über uns. Das ist ja schrecklich. Und stimmt überhaupt nicht. "

*

"Sie sprechen gut Deutsch. Wo haben Sie das denn gelernt? Waren Sie schon mal in Deutschland?" setzte ich die Unterhaltung nach kurzer Unterbrechung fort.

"Ja, ich war in Deutschland. In Bayern."

"Echt, wir kommen auch aus Bayern. In welcher Stadt waren Sie denn da?"

"In Nurenberg. "

"Nurenberg? Kenn ich nicht, hab ich noch nie gehört. Wo soll das denn sein?"

"Nurenberg ist große Stadt. Wenn man fährt von Polen nach München auf Autobahn."

"Also wenn das eine größere Stadt wäre und an der Autobahn liegt, dann müssten wir die doch kennen. Heißt die echt

Nurenberg?"

"Ja, gibt es auch Fußballstadion.
Nurenberg Bundesliga."

"In der Bundesliga? Nurenberg? Eine
Bundesliga-Fußballmannschaft aus
Nurenberg. Ach, Sie meinen Nürnberg?"

"Ja, Nürenberg."

"Okay, ist wohl für einen polnischen
Mund schwierig auszusprechen. N-ü-r-n-
berg", buchstabierte ich dem
Pferdeflüsterer.

*

"Wir sind da. Hier wohnt meine Mama.
Beste Köchin von ganz Polen."

"Na, dann schau mer mal, was es gibt. Ich
hab Hunger wie ein Bär. Du auch Günnie?"

"Ich könnte eine ganze Sau mit Keks
vertilgen. Was die Mama wohl kocht? "

*

Mama war blond, Ende vierzig und trug
einen kurzen Jeans-Rock.

61

"Die hab ich mir aber ganz anders vorgestellt. Hab gedacht, das wär so ein altes Hausmütterchen mit Kittelschürze." Günnie war ebenso überrascht wie ich.

Wir saßen in der Küche, tranken ein kühles Piwo und bekamen schon mal die Suppe serviert. Mama strahlte uns aus der Küche entgegen und hantierte mit einem Topf herum.

Sohnemann Pferdeflüsterer grinste über das ganze Gesicht und sagte zu Günnie: "Du gefällst Mama. Wir haben Fest heute und Mama geht nachher Tanzen. Geht ihr mit?"

„Also da müssen wir aber erst mal duschen und dann schauen, ob wir noch die Beine bewegen können." antwortete ich, bevor Günnie irgendeine Zusage machen konnte. "Wir sind heute bei dieser Gluthitze über 100 Kilometer geradelt und im Augenblick total groggy. Ich kann mir nicht vorstellen, dass ich noch tanzen kann. Ein Piwo könnten wir aber auf dem Fest trinken. Mal sehen. Was kocht denn deine Mama? "

"Ihre Spezialität. Selbstgemachte Pierogi. Mit Fleisch. "

"Günnie, hast du gehört, schon wieder Pierogi. Die werden wir wahrscheinlich noch häufiger essen."

"Und die Mama macht die Nudeln scheinbar selber. Und mit Fleischfüllung. Mm. Die schmecken sicher geil." Günnies Lieblingswort für alle Lebenslagen.

"Isst dein Papa auch mit?" fragte ich.

"Nein. Mein Papa ist tot. Autounfall letztes Jahr auf der Autobahn. Mama ist alleine und sucht einen neuen Mann."

"Oh. Nachtigall, ich hör dir trapsen. Günnie, Vorsicht, deswegen grinst die die ganze Zeit schon so aus der Küche raus und will mit uns zum Tanzen gehen. Die sucht einen Mann."

"Lass mal schön stecken. Wir wollen Rad fahren und brauchen keine Weiber. Die soll mal schön woanders suchen. "

*

Mamas Pierogi waren fantastisch. Schön bissfest, und mit Zwiebeln angedünstet. Mit diesen Pierogi findet Mama garantiert bald einen neuen Mann.

Nach den Pierogi servierte uns Mama Pferdeflüsterer noch Kaffee und Kuchen. Sie grinste hierbei über das ganze Gesicht und konnte den Blick nicht von Günnie lassen. Zu diesem Zeitpunkt wusste sie ja noch nicht, dass Günnies Interesse an einer polnischen Ehefrau eher gering war.

*

Der Pferdeflüsterer fuhr uns nach dem Essen zurück zum Bauernhof.

Nach dem Duschen erklärten wir ihm, dass wir zu müde zum Tanzen sind und deswegen leider nicht mit zum Fest gehen können.

Traurig aber verständnisvoll machte er sich mit seinem Polo auf den Weg zum Fest, um seiner Mama die traurige Nachricht zu überbringen, dass die beiden potentiellen Heiratskandidaten nicht auf der Matte stehen werden.

*

"Ich liebe Pferde. Ich werde mal die Herde begutachten."

Günnie mochte Pferde? Das war mir völlig neu.

Wir saßen auf der Veranda vor unserem Zimmer in dem alten Backsteingebäude gegenüber der Scheune und sahen begeistert zu, wie die vielen Pferde über die Koppel trabten.

Günnie machte sich auf den Weg zu der Pferdeherde.

Wie er da mit seiner beigen Dreiviertels-Outdoor-Hose, mit Glatze und seinem nackten Oberkörper über die Wiese lief, erinnerte er mich an Wladimir Putin, wie der immer in den Sommerferien mit blanker Brust auf einem Pferd durch die Taiga reitet und diese Bilder über die Presse in alle Welt verbreitet. Günnie Putin von Pferden umringt.

Ich schaute dem Treiben von der Veranda aus zu. Um mich herum summten die Stechmücken, trauten sich aber nicht, auf mir zu landen, da ich mich wohlweislich von Kopf bis Fuß mit Autan eingesprüht hatte. So wurde ich in diesem Stechmückeneldorado von blutigen Einstichen verschont.

Ich schon.

Günnie Putin kehrte von seiner Pferdeerkundung zurück.

"Scheiße, das juckt überall am Rücken und an den Füßen. Die Drecksviecher haben mich überall gestochen. Wie sieht denn mein Rücken aus?"

Günnie hatte natürlich nicht daran gedacht, irgendwelche Vorkehrungen gegen den Angriff der Stechmücken-Armada zu treffen. Und zwischen den Pferden hatten sich die größten Exemplare dieser nervenden Fliegen-Gattung gesammelt, die Pferdefliegen.

"Dein Rücken sieht aus wie ein Streuselkuchen, Günnie. So viele rote Flecken hab ich ja noch nie gesehen, außer bei Masern. Das muss doch höllisch jucken."

"Das juckt wie die Sau. Warum bist du denn nicht verstochen? Die Viecher sind doch überall."

„Autan sei Dank, mein Freund. Der kluge Mann sorgt vor."

"War ja klar, dass du wieder alles im Griff hast. Sogar auf den Angriff der Stechmücken ist mein Frieder perfekt vorbereitet. Und ich kann die Schmerzen jetzt ertragen."

In der folgenden Nacht hatte Günnie mindestens zehn Mal geduscht, um das Jucken einigermaßen zu lindern. Geholfen hatte es wenig, geschlafen hatte er deswegen auch fast nichts.

Ich hatte das aber nicht mitbekommen und erst am nächsten Morgen von Günnie erfahren. Der anstrengende Tag ließ mich in einen erholsamen Tiefschlaf fallen, der Dank der deutschen Pharmaindustrie nicht durch juckende Mückenstiche beeinträchtigt wurde.

"Mama war sehr traurig, weil Sie nicht beim Tanzen waren."

Beim Frühstück zeigte uns der Pferdeflüsterer die Miene seiner Mutter vom Vorabend.

"Wir wären ja gerne gekommen. Aber wir waren zu müde. Wenn wir wieder- kommen, dann gehen wir mit zum Tanzen.", tröstete ich ihn.

"Sie kommen wieder?" Sein Gesicht hellte sich auf.

"Ja, nein, weiß ich nicht. Ich meine nur, falls wir wiederkommen", stotterte ich rum.

"Günnie, die Mama sucht anscheinend wirklich einen Deutschen, mit dem sie rüber machen kann. Wir sollten möglichst schnell unsere sieben Sachen packen und verduften. Nicht dass die Mama auch noch auftaucht, bevor wir weg sind. "

"Um Gottes willen, nix wie fort." Trotz fehlenden Schlafes war Günnie hellwach.

*

Frühstück schnell beendet und nix wie auf
die Räder und weg.

"Auf Wiedersehen", sagte der
Pferdeflüsterer höflich. "Hier, ein
Kärtchen mit meiner E-Mail-Adresse. Sie
schreiben, wenn Sie wieder in
Deutschland sind? Mama und ich kommen
gerne besuchen."

"Ja, machen wir. Tschüss und Danke."

*

"Ja, dir werde ich schreiben. Und dann
kommst du angedackelt mit deiner Mama,
das kannst du vergessen.", meinte der
eingefleischte Junggeselle Günnie.
Schwups landete das Kärtchen vom
Pferdeflüsterer nach der ersten Kurve in
der Hecke.

„Armer Kerl. Der denkt wirklich, dass wir
uns bei ihm melden und dass er seine
Mama bei uns unter die Haube bringt.",
sagte ich zu Günnie.

"Da wird ihm aber das Maul sauber
bleiben."

„Aber leid tut sie mir schon irgendwie. Sitzt da in einem gottverlassenen Nest im polnischen Nirgendwo und träumt von einem Prinzen aus Deutschland."

"Ich kann mich nicht um alles Elend auf der Welt kümmern." Ist klar, Günnie kommt ja nicht mal mit seinem Elend zurecht.

"Also gut, vamos, geradeaus und dann links. Da müsste es einen Weg direkt entlang der Weichsel geben. Dann führt irgendwo in, wart mal, wie heißt das, ach da, in Szczucin, das kann ja kein normaler Mensch aussprechen, eine Brücke über den Fluss und dann fahren wir rechts der Weichsel weiter. "

"Genau so machen wir es. Hört sich gut an. Und was für ein Wetter. Wie haben wir das nur verdient?" Günnie strahlte über das ganze Gesicht, auch wenn er sich ununterbrochen kratzen könnte.

"Wenn nicht wir, wer dann?"

"Genau so sieht's aus!"

*

"Was hast du denn heute als Etappenziel ausgesucht, Frieder?"

"Wenn wir es bis Sandomierz schaffen, das wäre gut. Sandomierz soll eine wunderschöne Stadt sein, mit großem Marktplatz und einem Rathaus mit einem besonderen Turm. Also wohl schon mehr ein Touristenort, da gibt's dann sicher auch Hotels und Pensionen. Nach den Erfahrungen von gestern sollten wir schon ein größeres Städtchen ansteuern. Also Etappenziel Sandomierz?"

"Wie weit ist das?"

"Ich denke so 80 Kilometer."

"Das schaffen wir ."

*

Es lief. Bilderbuchwetter, blauer Himmel, Sonnenschein, Wiesen, Kühe, Störche, ruhige Nebenstraßen. Summerfeeling an der Weichsel, Dörfer wie im Tiefschlaf.

"Geil, oder?" Der Wortschatz meines Günnie ist begrenzt.

"Wunderschöne Landschaft. Und eine Ruhe. Du hörst nix. Aber leben möchte ich da nicht. Da ist ja überall der Hund begraben."

*

"Das gibt's ja nicht, schau mal da vorne." Ich hielt an, um meine Kamera aus der Tasche zu holen. "Das gibt's ja nicht" war eine Kuh-Herde, die auf dem Weg von der Weide zum Stall die Straße querte.

"Bei uns in Deutschland müsste der Bauer eine verkehrsrechtliche Genehmigung beantragen, wenn er mit den Kühen über die Straße marschiert und die Straße dann für ein paar Minuten gesperrt ist."

Hier scherte sich niemand drum. Die Autos blieben einfach stehen und warteten, bis alle Kühe die Straße überquert hatten.

Eine Kuh blieb stehen, ging auf Günnie zu und glotzte ihn an. Günnie glotzte zurück. Ich machte ein Foto von den beiden, wie sie Auge in Auge da standen. Ich fragte mich, wer von den beiden das größere Rindvieh ist.

*

Irgendwann führte der Weg wieder auf
die andere Seite der Weichsel und dann
waren wir von jetzt auf nachher auf einer
Schnellstraße.

"Hä? Wollen wir da jetzt echt auf diesem
Highway fahren? Gibt's da keinen
anderen, ruhigeren Weg?" Günnie gefiel
die Schnellstraße nicht.

"Nee. Das ist die Einfallstraße nach
Sandomierz. Entweder wir fahren hier am
Straßenrand entlang oder wir müssen in
der Weichsel bis zur Stadt schwimmen.
Das gefällt mir auch nicht, aber es ist nicht
weit. Siehst du da vorne den großen
Kirchturm auf dem Hügel, das müsste
Sandomierz sein."

*

Nach ungefähr fünf Kilometern bäumte
sich die Stadt vor uns auf. Was für ein
Anblick.

"Im Mittelalter hat die Stadt keiner
eingenommen, so wie die da auf dem Berg
thront. Von da oben kann man meilenweit
in alle Richtungen alles sehen."

"Das Dumme ist nur: Wir müssen da irgendwie raufkommen. Einen Aufzug wird's ja nicht geben, Frieder?"

Ich wusste es mal ausnahmsweise nicht. "Wir werden sehen."

*

"Das war doch der Papst, oder Frieder?"

Wir standen am Fuße der Stadt Sandomierz und vor uns eine riesige Steinfigur.

"Richtig, das ist eine Statue des ehemaligen polnischen Papstes Wojtyla, Johannes Paul II. Die Polen sind ja tief katholisch. Und es muss für die das größte gewesen sein, als ein Pole zum Papst gewählt wurde. Die haben in jeder Kirche ein Bild von ihm hängen. Aber so eine Riesenskulptur sieht man ja nicht oft. Und warum die gerade hier dem Papst ein so ein großes Denkmal gesetzt haben, keine Ahnung. Jedenfalls geht da rechts von dem Denkmal ein Weg hoch zur Stadt.

*

Und es ging hoch. Steil hoch.

74

Schätzungsweise 20 Prozent Steigung.
Wir mussten die Räder in einer Rinne
neben der Treppe hochschieben. Mit den
schweren Satteltaschen hat uns das viele
Körner abverlangt.

Mann, waren wir fertig, als wir mit den
Rädern oben angelangt waren.

Aber was für eine Belohnung erhielten
wir für unsere Mühen. Ein grandioser
Ausblick in alle Richtungen entschädigte
für die Mühen des Aufstiegs.

"Da kannst du ja 50 Kilometer weit sehen.
Bei dem Wetter sowieso. Das ist heute
hier so wie bei Fön in den Alpen.
Kilometerweite klare Sicht."

"Ich sag nur geil, echt geil." Wie gesagt,
Günnies Wortschatz ist begrenzt, meist ist
sein Lieblingswort dabei.

*

Wir fuhren zum Marktplatz und hatten
schon wieder eine grandiose Silhouette
vor uns.

"Das scheint wirklich ein sehr schönes
Städtchen zu sein. Toller Marktplatz mit

schönen Gebäuden eingefasst und ein Rathaus mit einem achteckigen Turm."

"Und erst die vielen Gasthäuser mit den Biergärten zum Marktplatz hin. Ich seh schon, wie mein Piwo eingeschenkt und die Haxe serviert wird." Günnie hatte wieder mal das für ihn Wesentliche entdeckt, Essen und Trinken.

"Erst brauchen wir mal ein Zimmer" bremste ich seinen Übermut.

*

Hotels und Pensionen gab es genügend in Sandomierz. Von der Tourist- Info wurde uns auch gleich ein Zimmer reserviert. Die Pension wäre einfach zu finden, wurde uns erklärt.

Ganz so einfach war es aber nicht.

"Günnie, da müsste es nach der Karte, die mir der Touristinfo-Fuzzi gegeben hat, rechts rein gehen. Und hier müsste die Pension sein. Ich mach mal die Gartentüre auf und geh zu dem Haus hin."

Ich war gerade auf halbem Wege zu dem Haus.

"Roaaar, roaar", hörte ich es vom Haus her bellen und schon kam er auf mich zugerannt.

"Verdammt, ein Hund. Und was für ein Riesenvieh. Günnie, mach die Gartentür wieder auf, damit ich raus kann."

Günnie reagierte schnell. Ich hechtete auf die Straße.

Uff, gerade noch geschafft. Einen Schritt später und das Kalb hätte meine Wade erwischt.

"Der hat mir jetzt aber einen Schrecken eingejagt. Ich gebe keinen Tropfen Blut mehr. Das kann doch keine Pension sein, wo Gäste von Riesenhunden aufgefressen werden."

Als die Nachbarin des Riesenhunde-Anwesens uns fragte, was wir suchen, stellte sich heraus, dass wir in der Tourist-Info eine veraltete Karte bekommen hatten und dass die gesuchte Pension eine Zufahrt weiter zu finden ist. Diese Zufahrt zu der neuen Pension fehlte auf der Karte.

Das Anwesen hier wäre aber zu

verkaufen, meinte die Nachbarin.

Inklusive Riesenhund wahrscheinlich.
Nein Danke.

*

Später wurde uns dann tatsächlich in
dieser lauen Sommernacht in einem
Biergarten am Marktplatz von
Sandomierz eine Haxe serviert und das
eine oder andere Piwo eingeschenkt. Das
glückselige Gesicht meines Günnie beim
Vertilgen des Schweineknies kann man
nicht beschreiben.

Wenn dann nicht Millionen von
Stechmücken aufgetaucht wären und ein
Bleiben im Biergarten unmöglich gemacht
hätten, dann hätten uns weitere Piwo
wohl den nächsten Tour-Tag verhagelt.

So muss man auch Stechmücken mal
dankbar sein.

Auch wenn Günnies Dankbarkeit
gegenüber den Stechmücken sich
angesichts seiner immer noch heftig
juckenden Schmerzen am Rücken doch
sehr in Grenzen hielt.

Der Tag begann ohne Frühstück, weil die Küche in der neuen Pension noch nicht fertig eingebaut war.

Wenn du am Morgen kein Frühstück hast, dann hängt dir das den ganzen Tag nach. Du kommst überhaupt nicht richtig in die Gänge.

Und dann diese Straße heute. Ein Fahrzeug nach dem anderen bretterte an uns vorbei und jedes zweite war ein LKW. Diese Kieskutscher. Und ständig ging's auf und ab. Irgendwie kamen wir nicht richtig in Tritt.

Wortlos durchfuhren wir seelenlose Orte entlang dieser abstoßenden Landstraße - Dwikozy, Zawichost, Athopol.

Und dazu diese Hitze. Brutal brannte der gelbe Planet auf uns herab. Wir konnten gar nicht so viel trinken wie wir wieder heraus schwitzten.

*

Günnie hatte am heutigen Vormittag seinen Tiefpunkt und brach total ein. An meinem Hinterrad klebend, quälte er sich Meter für Meter vorwärts. Warum kommt der Einbruch immer am dritten Tag einer Radtour? Ich frage mich, ob das schon mal wissenschaftlich untersucht worden ist? Wenn nicht, dann wäre es Zeit dafür. Vielleicht könnte man dann Gegenmaßnahmen ergreifen.

Das war aber an diesem Tag irrelevant. Wir mussten da jetzt durch und den Tag irgendwie zu Ende bringen.

Duzy, Popov, Walowice, Jozefow Nad Wisla - wir kämpften uns weiter von Ort zu Ort.

Die Hitze wurde immer unerträglicher.

*

Wieder füllten wir unsere Wasservorräte auf, hatten an einem schattigen Plätzchen gegessen und ruhten aus, um Kräfte zu sammeln.

*

„Auf geht's, wir fahren weiter." Günnie hatte seinen Tiefpunkt überwunden.

Dafür hatte es jetzt mich erwischt. Ich war bei der Rast kurz eingeschlafen und fühlte mich nach dem Aufwachen plötzlich wie ein platter Reifen.

Wir fuhren los, aber nach so vier, fünf Kilometer brach ich völlig ein.

"Günnie, ich kann nicht mehr. Ich fahr jetzt keinen Meter mehr weiter. "

"Das gibt's doch nicht. Heute Vormittag war ich platt wie eine Flunder und du hast mich mitgezogen. Jetzt ist es umgekehrt. Dieser vermaledeite Dritter-Tag-Zusammenbruch."

"Und muss denn gerade jetzt dieser Berg da vorne kommen? Wie soll ich denn da hochkommen? Meine Beine streiken."

"Wenn's nicht geht, dann schieben wir halt."

Schieben? Wir schieben nie. Wir sind bis jetzt über jeden Berg gefahren, ohne zu schieben. Außer ein einziges Mal. Das war auf dem Jakobsweg auf einem Teilstück in den Pyrenäen. Da war es fast zu steil zum Schieben. Aber hier. Das war doch für uns kein Berg, höchstens ein Hügel. Da würden wir doch im Traum nicht daran denken, abzusteigen und zu schieben.

Doch. Heute dachten wir nicht nur daran, wir machten es auch. Wir schoben tatsächlich die Räder den ganzen Anstieg hinauf. Die Beine waren so schwer und die Sonne brannte so heiß, dass wir schon vom Schieben völlig kaputt waren, als wir oben angekommen waren.

*

"Günnie, da ist ein Schild "Kaziemirz Dolny 5 km". Das ist unser Tagesziel. Passt, da sind wir dann so um fünf da."

*

Kaziemirz Dolny. Der Künstlerort an der Weichsel. Sowas wie das Worpswede Polens. Galerie reiht sich an Galerie, der Marktplatz eingerahmt von reliefgeschmückten Gebäuden.

"Wow. Ist das schön hier. Ganz im Gegensatz zu den vielen Käffern, durch die wir den ganzen Tag gefahren sind.", Günnie war begeistert vom Häuserensemble am Marktplatz.

"Günnie, wenn wir jetzt noch ein schönes Zimmer mit Klimaanlage im Zentrum finden und was Leckeres zum

Abendessen, dann hat auch dieser Tag,
der so viel Kraft und Überwindung
gekostet hat, ein glückliches Ende
gefunden."

Das mit dem schönen Zimmer im Zentrum
hatte nach längerer Suche geklappt.
Leider ohne Klimaanlage, dafür aber mit
hübscher Pensionswirtin. Und auch das
Abendessen war vom feinsten. Eine
kaltservierte Rote-Beete-Suppe und als
Hauptgericht Fisch. Piwo war eh klar.

*

Beim Bummel durch die Altstadt nach
dem Abendessen stolperte Günnie
plötzlich über ein Metallgestell und
gleichzeitig fiel ein Scheinwerfer um und
irgendjemand schrie ihn von der Seite an.
Günnie drehte sich um und sah in
Fernsehkameras.

"Was ist denn hier los?" rief er
erschrocken.

"Ich glaube, dass die hier gerade eine
Fernsehsendung aufzeichnen. Da stehen
lauter Scheinwerfer und Kameras. Du hast
einen Scheinwerfer umgeworfen und jetzt
können die das ganze nochmal drehen

und müssen das Licht neu einstellen",
erklärte ich ihm.

"Ja sorry. Aber das Ding hab ich nicht
gesehen. Warum müssen die auch gerade
heute auf dem Marktplatz hier
Fernsehaufzeichnungen machen und die
Scheinwerfer in den Weg stellen."

Genau, aber sowas passiert halt nur
meinem Günnie. Jeder andere Passant auf
dem Marktplatz, und das waren nicht
wenige, lief um die Scheinwerfer herum.
Nur mein Günnie stolperte tollpatschig
mitten in die Fernsehaufnahmen.

Wenn ein Tag damit beginnt, dass dir von einer Blondine mit einem ebenmäßig schönen Gesicht und einer wunderbaren Figur in einem schwarzen Röckchen und einer weißen Bluse ein Frühstück serviert wird, das allen Ansprüchen der westdeutschen Hotellerie genügen würde, dann kann der Tag nur gut werden.

Nicht der typische polnische Muckefuck wurde eingeschenkt, nein ein richtig guter italienischer Cappuccino. Und Müsli mit frischen Früchten war angerichtet, ebenso Wurst, Käse und hausgemachte Marmelade. Brötchen und Croissants lagen daneben, frisch gepresster Orangensaft belebte den Körper nach einer dampfigen Sommernacht im Dachzimmer des Hotels.

Frisch gestärkt - und mit einem unvergesslichen Lächeln der blonden Schönen verabschiedet - ging es wieder auf die Piste.

Und was war das für eine Strecke, die wir ab dem Ortsausgang der Künstlerstadt genießen durften. Der Weg führte mitten durch den Kazimierski Nationalpark, die grüne Lunge zwischen Kazimierz Dolny und Pulawy. Das Grün des Nationalparks zur rechten und die Weichsel zur linken genossen wir jeden Meter des Weges.

Ein Storchenpaar hatte auf einem Strommast direkt neben dem Weg sein Nest gebaut. So nahe waren wir diesen Vögeln bisher noch nicht gekommen. Für die Fotos, die wir von dem Storchenpaar im Nest machten, setzten sich die beiden Störche wie Models in Pose. Unbeschreiblich.

Hinter Pulawy machte die Weichsel einen Linksbogen und hatte sich hier ein breites Bett geschaffen. Bei Niedrigwasser wie jetzt ergab sich so im Bogenbereich des Flusses ein breiter Sandstrand. Ein ideales Plätzchen für eine Rast.

Über den menschenleeren breiten Sandstreifen stapften wir in Richtung Weichsel. Bei diesem Hochsommerwetter könnte man hier einen schönen Badetag verbringen. Ein Handtuch auf den Sand geworfen und die Seele baumeln lassen. Kein Geräusch ist zu hören, die Tourismusindustrie hat diesen Ort noch nicht entdeckt.

Am Fluss angekommen, wateten wir ein Stück weit in das flache Wasser hinein, die

Sonne spiegelte sich auf der Wasseroberfläche. Wir ließen - wie zwei Lausbuben - flache Steine auf der Wasseroberfläche hüpfen.

"Echt geil hier!" Begrenzter Wortschatz mit allgegenwärtigem Lieblingswort, wie schon erwähnt.

"Wahnsinn! Wie in einem Bilderbuch. Wenn ich daran denke, wie jetzt gerade die Urlauber an den vollgestopften Stränden in Italien, Spanien oder der Türkei um ein freies Plätzchen im Menschenmeer kämpfen, dann möchte ich für nichts auf der Welt tauschen."

"Und schau mal nach rechts."

Wir hatten sie gar nicht gesehen, sie lag in einer flachen Kuhle im Sand. Die Bikini-Schönheit vom Weichselufer, mit entblößten Brüsten.

Sie war wohl eingeschlafen und hatte nicht bemerkt, dass sie mittlerweile nicht mehr alleine Herrin dieser Oase war. Als sie unsere Stimmen hörte, zuckte sie kurz zusammen und griff sofort nach ihrem Bikini-Oberteil, um ihren wohlgeformten Busen zu bedecken.

"Einst ging ich am Ufer der Weichsel entlang, Ohohoholalala, ein schlafendes Mädchen am Ufer ich fand, Ohohoholalala. Sie hatte die Beine weit von sich gestreckt, Ohohoholalala. Ihr schneeweißer Busen war gar nicht bedeckt, Ohohoholalala..."

Das Lied vom schlafenden Mädchen an der Donau kam Günnie sofort in den Sinn und er schmetterte es, für das Mädchen an der Weichsel umgedichtet, auf dem Weg vom Fluss zurück zu unseren Rädern in den blauen polnischen Sommerhimmel. Eine bessere Motivation für den weiteren Weg hätte es für meinen Günnie nicht geben können.

*

Beim Auffüllen unserer Getränkevorräte vor einem Supermarkt der überall zu findenden Delikatesy-Kette in Deblin wurden wir von einem älteren Herrn angesprochen.

"Deutsche?"

„Ja", antwortete ich.

„Ich arbeiten Wache zwanzig Jahre an

Grenze Deutschland."

In diesem gebrochenen Deutsch erzählte er uns, was es für schöne Zeiten waren, wie er an der ehemals schwer bewachten Deutsch- Polnischen Grenze viele Jahre lang als Wachsoldat gearbeitet hatte. Mit der Grenzöffnung und der Wiedervereinigung Deutschlands waren diese Posten entfallen und er wurde arbeitslos. Arbeit konnte er seither nicht mehr finden. Nicht für jeden waren die Wende und die Wiedervereinigung ein Gewinn.

Aber er hatte die Jahre der Arbeit an der deutschen Grenze nur in positiver Erinnerung und wollte sich den beiden deutschen Radlern daher dafür dankbar erweisen. Er lotste uns, mit seinem Suzuki-Jeep vor uns herfahrend, aus Deblin heraus in Richtung Maciejowice, Grobrichtung Warschau.

Am Ortsausgang verabschiedete er sich winkend von uns mit einem Lächeln auf dem Gesicht. Es war für ihn wohl eine innere Befriedigung, dass er sich für die schönsten Jahres seines Lebens mit dieser Hilfsaktion bei uns bedanken durfte. Bei zwei Deutschen, deren Heimatland ihm zwanzig Jahre lang Brot und Arbeit gegeben hatte.

Wir hätten zwar den Weg aufgrund der guten Beschilderung auch ohne seine Hilfe gefunden, aber das muss er ja nicht wissen.

*

Man möchte meinen, dass man sich nach einigen heißen Tagen im Sattel an die Hitze gewöhnen kann. Aber das ist nicht so. Nach der Verabschiedung von dem ehemaligen Grenzer stieg die Temperatur von Stunde zu Stunde, irgendwann ist es dann wie im Dämmerschlaf. Die Sonne brennt dein Hirn aus, die Kräfte werden aufgezehrt. Man tritt nur noch wie in Trance in die Pedale.

Maciejowice, Domaszew, Samogoszcz, Skurza, Zakrzew, Stary Zambrzykow, Sobienie Szlacheckie - das waren die Dörfer mit ihren unaussprechlichen Namen, die wir auf dem weiteren Weg passierten. Von der Sonnenhitze wie benebelt, blieben an diese Ortschaften keine Erinnerungen mehr.

"Mann, Günnie, was bin ich fertig! Da

hätten wir ja gleich durch die Sahara
fahren können, heißer ist es da auch
nicht."

Viel mehr Worte wurden an diesem
Nachmittag nicht gewechselt.

Wie zwei Roboter fuhren wir -
mechanisch in die Pedale tretend -
hintereinander her. Für eine
Konversation reichte die Kraft nicht.

*

"Günnie, an der nächsten Kreuzung
müssen wir mal schauen, ob wir einen
Wegweiser nach Gora Kalwaria finden. Da
würde ich heute gerne übernachten. Bis
Warschau würden wir es zwar auch
schaffen, aber in Warschau möchte ich
eigentlich nicht über Nacht bleiben. Das
ist mir zu gefährlich da."

Gora Kalwaria war schlecht beschildert.
Mithilfe unserer Karte hatten wir zwar die
Richtung gefunden, standen aber dann
vor einer autobahnähnlichen
Schnellstraße.

"Puuh. Da müssen wir jetzt wohl durch
und uns da auf dem Standstreifen von den

Lastwagen durchblasen lassen. Tut mir leid Günnie, einen anderen Weg gibt es nicht."

Fünf Kilometer mussten wir diese nicht ungefährliche Aktion auf einem schmalen Standstreifen neben der vierspurigen Straße überstehen, die letzten zwei Kilometer bergauf mit einer ordentlichen Steigung.

Endlich kam die Abzweigung nach Gora Kalwaria und wir konnten diese Hauptzufahrtsstraße nach Warschau verlassen.

Mangels Hotel im Zentrum fanden wir ein paar Kilometer außerhalb von Gora Kalwaria Unterkunft in einem neu errichteten großen Hotel.

Wir stellten fest, dass wir die einzigen Gäste waren. Ein Gefühl fast wie bei Shining, zwei Leute alleine in einem Hotel mit zig Zimmern. Es war aber kein Jack Nicholson mit einem Beil in der Hand durch die Gänge unterwegs.

*

Beim Abendessen wurden wir dann
fürstlich bewirtet.

Fürst Günnie bestellte sich als Vorspeise
erstmal Tatar mit Ei. Göttlich sein
Gesichtsausdruck, als der Kellner den
Teller vor ihm auf den Tisch stellte. Toll
für das Auge anzusehen wurde das Ei
neben dem Tatar und den gehackten
Zwiebeln in einem länglichen Glas
serviert.

"Äh, und wie isst man das jetzt?" Günnie
war ratlos.

Der Kellner lächelte und bereitete Herrn
Günnie seine Vorspeise mundgerecht zu,
in dem er die Zwiebeln mit der Gabel in
den Tatar mischte und dann das Ei
geschickt aus dem Glasgefäß herausholte
und darunterhob.

"Na also, geht doch. Warum nicht gleich
so, dass man das Zeug essen kann." Ein
Gourmet war Günnie noch nie.

"Das Auge isst mit, Günnie."

"Ach so. Hm, schmeckt echt geil." Das

Günnie-Allroundwort kam auch hier wieder treffend zum Einsatz.

Kaum war der Riesenteller Tatar zusammen mit drei Broten verzehrt, wurde unserem Fürsten seine von ihm bestellte Roulade mit einem Berg Kartoffeln und einem Teller Gemüse serviert.

"Alter Schwede. Ist das eine Roulade von einem Dinosaurier? Oder warum ist das Ding so groß? Das wenn ich gewusst hätte, dann hätte ich keine Vorspeise gegessen."

"Warum bist du auch immer so gierig, Günnie. Aber so wie ich dich kenne, putzt du den Teller weg. Du hast doch noch nie irgendwas von einem Essen zurückgehen lassen."

"Mit Sicherheit nicht. Lieber den Magen verrenkt als dem Wirt was geschenkt. Keinen Bissen geb ich zurück."

Und so war's dann auch. Mithilfe einiger Piwo wurde die Dinosaurier-Roulade irgendwie in den schon von Tatar gefüllten Günnie-Magen transportiert und mit einem Sliwowitz konserviert.

„Mann, Frieder, jetzt bin ich aber echt vollgefressen. Mein Ranzen spannt dermaßen. Aber das hat alles so geil geschmeckt. Essen und Trinken, was braucht man mehr?"

Wenn man Günnie heißt, wohl nichts.

Irgendwie sehen alle Vororte von größeren Städten überall auf der Welt gleich aus. Lange, gerade Straßen, durch die endlose Autoschlangen jeden Morgen in die Metropolen hineinkriechen und am Ende des Tages wieder heraus. Am Reißbrett angelegte Mustersiedlungen, leblose Häuseransammlungen, keine gewachsene Siedlungsstruktur. Menschen mit leerem Gesichtsausdruck, die an Bushaltestellen warten. Auf der einen Seite von Architekten entworfene Villen Neureicher mit gepflegten Gärten wie aus einem Hochglanzmagazin, und auf der anderen Seite hässliche Wohnsilos, in denen der Bodensatz der Stadtbevölkerung dahinvegetiert mit Spielplätzen für die vielen Kinder, die hier Tür an Tür wohnen.

Auch die Einfallstraße nach Warschau unterschied sich hier nicht von denen anderer Kapitäle. Schnurgeradeaus führte die breite Straße auf Warszawa zu. Immerhin hat man hier schon Radwege bis in die Vorstädte gebaut. Der Weg führte von Häuseransiedlung zu Häuseransiedlung, die Namen der verschiedenen Orte spielten keine Rolle.

*

"Was so neu angelegte Radwege alles mit sich bringen?"

"Vor allem Radfahrer", stellte ich fest.

Tatsächlich waren wir zum ersten Mal auf unserem Polen-Trip nicht die einzigen, die sich auf Drahteseln fortbewegen. Wir dachten schon, in Polen wären Fahrräder noch gar nicht erfunden. Jedenfalls waren uns bisher noch keine begegnet und wir wurden von der einheimischen Bevölkerung in den ersten Tagen überall sehr skeptisch beäugt.

*

"Stell dich mal da hin, Günnie, ich mach ein Bild von dir."

So stand Günnie jetzt an einem Meilenstein unserer Tour - vor dem Ortsschild von Warschau. Eine geschichtsträchtige Stadt, in der man an Deutsche sehr schlechte Erinnerungen hat.

"Da steht nirgendwo ein Schild mit Zentrum." Fragend schaute Günnie mich an.

"Stare Miasto. Das heißt auf Deutsch Altstadt. Da müssen wir hin", erklärte ich ihm.

Die Altstadt von Warschau liegt auf einem Hügel. Rom ist auf sieben Hügeln erbaut, die Altstadt von Warschau auf einem, direkt an der Weichsel gelegen.

"Da oben siehst du das Königsschloss, Günnie, und dahinter müsste der Schlossplatz sein."

"Und wie kommen wir da rauf?"

Diese Frage wurde nach nur wenigen Metern beantwortet.

Mit einem Aufzug. Von dem tieferliegenden Neu-Warschau führt ein Aufzug hoch zur Altstadt.

"Das ist ja mal ein Service. Jeden Tag was

Neues. Bin ganz neugierig, wie es da oben aussieht." Günnie war gespannt wie ein kleines Kind, das auf die Bescherung an Weihnachten wartet.

Es erwartete uns ein prächtiger Anblick. Ein großer Platz, gefüllt mit Künstlern, Händlern und Touristen - umrahmt von vielen historischen Gebäuden.

*

"Nimm deine Griffel weg." Dieser Ausruf galt einem Zigeunerjungen, der an Günnies Fahrrad herumspielte.

"Pass auf deine Wertsachen auf, da hinten sitzen die anderen von der Bande und lauern schon." Günnie hatte die Auftraggeber des Kleinen bereits entdeckt.

Der Junge verschwand sogleich, allerdings nicht ohne mit seinen flinken Fingern an Günnies Packtasche herumzufummeln. "Schleich dich!" brüllte Günnie ihn an und schon war er weg.

*

Zwei Radfahrer in Warschau im August

bei 38 Grad im Schatten. Das weckte die Neugierde bei Pauschaltouristen.

"Sie luagert us als ob Sie Deutsche sin."

"Und Sie hören sich an, als ob Sie Schweizer sind.", entgegnete ich.

"Jo, mir sin aus Zürich gsi. Und mir machet eine Rundfahrt durch Polen. Welche Strecke fahret Sie?"

„Von Krakau über Warschau, Thorun nach Danzig.", erklärte ich dem Eidgenossen.

"Die gleiche wie wir. Nur fahret mir net mit dem Velo, sondern mit dem Bus. Das is einfacher. Vor allem bei der Hitze. Wisset Sie was, ich gehe wieder in den Bus, da haben wir eine Klimaanlage. Gute Fahrt und vielleicht sehen wir uns ja in Danzig wieder."

Der Schweizer beendete die Unterhaltung wegen der für Bergbewohner unerträglichen Temperaturen und machte sich auf zu seinem klimatisierten Reisebus, wir uns mit dem Rad die berühmte "Steinerne Treppe" hinunter zur Weichsel.

In einem öffentlichen Brunnen kühlten wir uns ab, indem wir unsere von Schuhen und Strümpfen befreiten Füße in das Wasser streckten. Beim Eintauchen der dampfenden Füße in das Wasser war ein Zischen zu vernehmen. Was für eine Wohltat!

Nicht nur wir, auch die hitzegeplagten Warschauer suchten hier eine Erfrischung im kühlen Nass.

*

Der Radweg führte über eine Brücke und dann aus der Stadt heraus, die Hitze wurde aber nicht weniger, eher noch unerträglicher, je weiter die Sonne am Himmel stieg.

Wieder die Vororte, dieses Mal nur in die andere Himmelsrichtung aus der Stadt heraus. Und der Radweg führte einige Kilometer entlang der Autobahn. Die Hitze, die Abgase und der Motorenlärm - eine einzige Qual.

"Ist doch scheiße, die Straße mit den vielen Autos." Fäkalausdrücke gehören zu Günnies Grundwortschatz.

"Nee, da hat der Spaß echt ein Loch. Aber nach der Karte werden wir bald von der Autobahn wegkommen. Der Highway geht gerade aus, die Weichsel fließt in einem großen Bogen nach links. Und da gibt's eine Nebenstraße, die fahren wir."

*

Und so war es auch. Nach wenigen Kilometern waren wir plötzlich wieder in einer anderen Welt. Ein kurvenreiches Sträßchen mit vielen Schlaglöchern und Unebenheiten führte durch dünn besiedeltes Gebiet.

"Der Kontrast ist echt krass. Vor ein paar Minuten noch die vielen Autos, der Krach, Häuser an Häuser. Und jetzt Ruhe pur und kein Mensch unterwegs." Günnie sah das genauso.

Wir genossen die Fahrt durch eine schattige Allee und machten Rast an einem der Tante-Emma-Läden, die es in Polen aber wirklich auch in jedem entlegenen Winkel gibt und die auch an sieben Tagen in der Woche bis spät in die Nacht geöffnet haben.

"Frieder, frag doch mal, ob die wissen, wo

es hier Hotels gibt. Es ist ja schon vier und bei der Hitze reicht es mir eigentlich für heute."

Ich fragte mich, was er machen würde, wenn ich nicht dabei wäre.

Frau Tante-Emma-Laden wusste von einem Hotel in Wilkow.

"Ungefähr noch 15 Kilometer, da gibt's ein Hotel in Wilkow." erklärte ich Günnie. "Das wird wohl das einzige Hotel hier in der Gegend sein."

*

Wir fuhren nach Wilkow rein, wir fuhren durch Wilkow durch und wieder aus Wilkow raus. Aber ein Hotel gab es nicht. Das bestätigte auch die Nachfrage bei zwei halbstarken Wilkow-Aborigines, die sich gerade Zigarette rauchend und biertrinkend in ihrem schwarzen Audi A 3 amüsierten.

"Die wissen nix, oder? Gibt kein Hotel in Wilkow, oder?"

"Sieht so aus. Ich frage mal da vorne in dem Laden. Vielleicht gibt's hier wieder einen Agroturystyka."

"Aber nicht schon wieder einen Pferdeflüsterer mit einer Mama, die nach Deutschland heiraten will." So ein Junggeselle muss sich seiner Haut schon wehren.

*

Tatsächlich gab es einen Bauernhof mit Übernachtung. Gleich neben dem Tante-Emma-Laden.

Beim Verlassen des Ladens wurden wir plötzlich von einem kleinwüchsigen Schnurrbartträger mit freiem Oberkörper angesprochen, eigentlich mehr angeschrien. Wild fuchtelnd redete er ohne Unterlass auf uns ein. Wir verstanden kein Wort.

"Weißt du, was der von uns will, Frieder? Wenn der so weiter gestikuliert und hektisch rumschreit, dann kriegt der gleich einen Herzinfarkt."

"Keine Ahnung was der von uns will. Ich weiß nur, dass der Kerl vorhin neben mir gestanden ist und zugehört hat, als mir die Tochter vom Tante-Emma-Laden mit

englisch-polnischen Wortfetzen und
Gesten erklärt hat, wo wir übernachten
können. Vielleicht hat er auch ein Zimmer
frei und will sich ein paar Sloty
dazuverdienen, der arme Hund."

"Könnte sein. Seinen alten dreckigen
Klamotten nach zu urteilen, hat er jeden
Sloty dringend nötig."

"Weißt du, an wen der mich erinnert,
Günnie? Alfred Tetzlaff, Ekel Alfred.
Gleiche Größe, gleiche Figur, gleicher
Schnurrbart und irgendwie hat er auch
vom Gesicht her eine gewisse
Ähnlichkeit."

Alfred Tetzlaffs Zwillingsbruder fuchtelte
und spuckte weiter vor sich hin, ohne
dass wir auch nur ein Wort verstanden
hätten.

"Warum spuckt der denn so?", Günnie
wendete sich angeekelt weg.

"Na schau doch mal genau hin. Der hat
doch nur noch einen einzigen Zahn im
Mund. Da wird's dann schon sehr wässrig,
wenn du so viel und schnell redest wie
er."

Nach einer kurzen Pause, in der er uns mit aufgerissenen Augen anstarrte und wohl auf eine Antwort wartete, ergoss sich ein erneuter Wortschwall aus dem Mund des ekligen Alfred.

"Vielleicht ist der ja schwul und will uns deswegen bei sich übernachten lassen." Wie Günnie auf diesen Gedanken kam, weiß ich nicht.

Wir gaben dem abgebrochenen Riesen schulterzuckend zu verstehen, dass wir nichts verstehen und schwangen uns auf die Räder und radelten die paar Meter zum Übernachtungsbauernhof.

*

Auch hier kochte die Mama des Hauses für uns ein hervorragendes Abendessen. Wir hätten fast erraten können, was es gab. Natürlich Pierogi. Hausgemacht. Und die waren noch besser als die Pierogi von der Mama des Pferdeflüsterers.

"Wo sind wir jetzt, Frieder?", das waren die ersten Worte, die Günnie heute nach 20 Kilometern von sich gab. Er war die ganze Zeit schweigsam hinter mir hergefahren.

"Ilow heisst das Nest."

"Und wie heißt dann die nächste größere Stadt, wo wir hinmüssen?"

"Plock."

Wir standen an einer Straßengabelung, aber weit und breit waren keine Wegweiser zu finden.

"Rechts oder links?"

"Keine Ahnung, Günnie. Da haben sie wohl ein paar Schilder vergessen. Ich werde mal einen Einheimischen nach dem Weg fragen. Da drüben stehen ein paar ältere Herren, die sehen aus, als ob die sich hier auskennen."

"Dzien dobry. Äh, Plock, nach Plock?", fragte ich höflich.

"Co prosze?" (was so viel heißt wie "Hä?").

"Nach Plock, welche Straße geht nach Plock?"

Wieder Kopfschütteln.

Ich zeigte den Ilower Eingeborenen die Karte und deutete mit dem Finger auf das Wort "Plock".

Sie lasen den Namen auf der Karte, grinsten mich verstehend an und meinten nickend "Aaah. Bloozge."

"Bloozge? Plock wird Bloozge ausgesprochen?", erklärte ich Günnie verwundert.

Da fährt man tagelang durch Nester mit unaussprechlichen Namen wie "Zambrzykow" oder "Wojcieszkowska" und dann kommt endlich mal eine Stadt mit einem Namen, den auch eine westdeutsche Zunge über die Lippen bringen kann und dann sprechen die den so bescheuert aus. Gottseidank muss ich kein polnisch lernen.

*

Seit Ilow waren wir jetzt schätzungsweise weitere 20 Kilometer immer geradeaus gefahren. Immer die gleiche Landschaft, keinerlei Abwechslung. Aber immerhin kaum Verkehr. "Kilometer machen" nennt man das wohl.

*

"Und jetzt?"

Günnies Frage war berechtigt. Unsere Straße mündete in eine Art Autobahn mit dickem Verbotsschild "Fahrräder verboten". Aber es gab nur die eine Straße.

"Welche Richtung?", das war der zweite Teil von Günnies Frage.

"Rechts. Wir müssen da vor. Siehst du die Türme auf dem Berg? Da müssen wir hin. Das müsste Bloozge sein."

*

Nach zwei Kilometern auf der Autobahn tauchte plötzlich ein Radweg-Schild auf.

"Das versteh, wer will. Wie soll denn hier ein Radfahrer herkommen, wenn da vorne ein Radverbots-Schild steht? Mit dem Hubschrauber?"

"Das ist polnische Logik Günnie, das verstehst du nicht."

*

Die Stadt Plock war dann doch eher unspektakulär.

Bis auf ein Highlight. Das war die Blondine, die den Gehsteig vor dem großen gelben Wohnhaus am Rande der Altstadt gefegt hat.

"Alder, was für ein Feger." Günnie hatte sich fast den Hals ausgerenkt. "Was für eine Figur!"

Er hatte recht, die Haute-Couture-Models würden blass werden vor Neid.

"Und was für Beine." Günnie konnte den Blick nicht von der im wahrsten Sinne des Wortes blonden Straßenfegerin lassen.

"Schau hin Frieder. Ihre Shorts sind so kurz, dass der untere Teil der Po-Backe beidseitig zu sehen ist." Tatsächlich, die Hot Pants waren schon wirklich gottverboten kurz.

"Warum bin ich kein Straßenbesen in

Plock geworden?" Das wünscht sich also ein Junggeselle, wenn er eine Blondine die Straße fegen sieht.

Ein kurzer Anflug von Erotik beim Vorbeifahren, aber der Anblick dieses blonden langbeinigen Traums aller Männer, der nur wenige Sekunden dauerte, war Günnies Gesprächsstoff für viele Tage und wird es wohl auch noch in einigen Jahren sein.

*

Richtung Wloclawek führten zwei Straßen, eine Bundesstraße links der Weichsel und eine Landstraße rechts der Weichsel.

"Bundesstraße nicht gut", dozierte Günnie.

"Is klar, wir fahren Landstraße."

Wir fuhren rechts der Weichsel keine 500 Meter.

"Ein Sperrschild. Wenn ich das richtig deute, ist irgendwo da auf der Strecke eine größere Baustelle und die Straße ist ab dort gesperrt."

"Das heißt, wir fahren doch Bundesstraße?" Günnie gefiel diese Vorstellung ganz und gar nicht.

"Nein, machen wir nicht. Wir fahren die Landstraße. Und wenn die Baustelle kommt, dann schieben wir da halt durch. Wird schon irgendwie gehen."

Und es ging. Bei der Baustelle handelte es sich um den Bau einer neuen Brücke über einen Nebenfluss der Weichsel. Die Brücke war zwar noch nicht fertig, aber der Brückenschlag war schon passiert, so dass wir das andere Ufer erreichen konnten.

*

"Das war jetzt echt die Straße mit den wenigsten Autos, die wir bisher gefahren sind.", stellte Günnie fest.

"Das ist doch klar, du Intelligenzbolzen. Wenn die Straße gesperrt ist, dann kann ja auch kein Auto fahren."

Kein Auto – das war nicht ganz richtig. Richtigerweise muss man festhalten, dass auf der gesperrten Straße kein Auto gefahren war, außer das dieser älteren

Dame, die ihr Auto wenige Meter vor der Baustelle abgestellt hatte, um ihre drei Hunde dort laufen zu lassen - ohne Leine, dafür aber mit Jagdfieber auf Radfahrer.

Ein paar wütende Schreie und Tritte in Richtung der bellenden Köter sorgten aber dafür, dass wir unversehrt auf die Brückenbaustelle gelangten.

Die Hundeausführerin war völlig außer sich, dass wir ihren geliebten Vierbeinern so feindselig begegneten. Wahrscheinlich hat sie gerade den Lieblingsspruch der Hundehalter auf Polnisch in unsere Richtung losgeschmettert: "Die machen doch nix." Ja, ja, und wenn sie dann ganz unerwartet in die Wade gebissen haben, dann kommt das obligatorische "Das haben die noch nie gemacht." Auf sowas lassen wir uns erst gar nicht ein. Wenn uns ein Hund ankläfft und anspringt, dann kriegt er einen ordentlichen Tritt und wird so angeschrien, dass er die Lust auf Wadenbeißen verliert.

*

Als wir die Brückenbaustelle passiert hatten, war es fast 18 Uhr und wir steuerten Dobrzyn Nad Wisla an, ein größeres Dorf direkt an der Weichsel. Da wird's wohl Übernachtungsmöglichkeiten geben, dachten wir.

*

Pfeifendeckel! In Dobrzyn Nad Wisla fanden an diesem Wochenende die nationalen Jugendkanumeisterschaften auf der Weichsel statt. Die Fragen nach freien Zimmern wurden daher durchgehend mit "Nie", also "Nein" beantwortet.

In der nächsten größeren Stadt gäbe es mehrere Hotels, erklärt uns auf sehr gebrochen polnisch-englisch die stämmige Besitzerin einer großen Pension, während sie ihrer Mitarbeiterin in einem strammen Befehlston Anweisungen zum Herrichten des Abendessens für ihre Pensionsgäste, laut T-Shirt-Aufdruck der Jugend-Kanumannschaft von Bydgoszcz, gab.

"Die erinnert mich an meinen Feldwebel bei der Bundeswehr. Bei der hast du sicher nix zu lachen, wenn du hier arbeitest, oder noch schlimmer, wenn du mit der verheiratet bist." Günnie schaute mich bei dem Gedanken entsetzt an.

„Wie weit ist es denn bis zur nächsten Stadt?", wollte ich wissen.

„25 Kilometer" war die Antwort.

"Frieder, 25 Kilometer schaff ich jetzt abends um sechs nicht mehr. Keine Chance."

Die stämmige Pensionsbesitzerin brachte uns erstmal zur Stärkung einen Teller Frytki mit Mayo und Ketchup.

"Schmecken gut, die Pommes." Wie schon erwähnt, reduzieren sich Günnies Bedürfnisse im Wesentlichen auf Essen und Trinken.

"Ja, nette Geste. Aber deswegen haben wir immer noch kein Zimmer, Günnie."

Der Pensionsfeldwebel grübelte nach, holte sein Handy aus der Tasche und rief irgendjemanden an. Wie kann man so schnell sprechen, dachte ich für mich, als sie gerade einen pausenlosen Wortschwall durch das Mobiltelefon schickte. Ob der oder die am anderen Ende der Leitung das alles verstand?

"No problema", gestikulierte Frau

Feldwebel nach Beendigung des Telefonats und stemmte die Hände in die Hüften. Ihre Untergebene übersetzte uns dann ins Englische, was uns die Chefin auf Polnisch mitzuteilen hatte.

*

Kurz darauf fuhr ein Auto auf den Hof, der Neffe des Feldwebels holte uns ab und brachte uns zu seiner Mutter, der Schwester der Pensionswirtin, die fünf Kilometer entfernt in ihrem Wohnhaus ein Zimmer für uns frei räumte.

"Alle Achtung. Was für eine Gastfreundlichkeit. Beim ersten Anblick dachte ich, der Feldwebel frisst uns auf. Und dann besorgt sie uns ein Zimmer bei ihrer Schwester und lässt uns auch noch abholen, weil wir zu groggy sind, um die letzten Kilometer zu radeln. Sowas findet man wohl selten. Man soll wirklich nie voreingenommen sein und zuerst jedem eine Chance geben, bevor man über ihn urteilt."

Günnie nahm diese Lebensweisheit von mir nachdenkend mit auf den Weg.

"Diese Drecksköter!" Wieder einmal brachte es Günnie mit wenigen Worten auf den Punkt.

"Ich wünsche dir auch einen guten Morgen, lieber Günnie."

"Die haben die ganze Nacht gebellt. Irgendwie haben die Hunde sich hier gegenseitig hochgepeitscht. Hier muss es auf jedem Hof einen Hund geben und wenn der eine bellt, dann bellt der andere auch. Ich wollte ja rausgehen und dem Köter vor unserer Tür eine aufs Maul hauen, damit er die Schnauze hält. Aber hast du gesehen, wie der an seiner Kette gezerrt hat. Da habe ich es lieber sein lassen." Für Günnies Verhältnisse war das schon fast eine Rede.

"Da kommt der Neffe vom Pensionsfeldwebel. Der will uns wahrscheinlich zu unseren Rädern fahren."

Und so war es auch.

*

Der Pensionsfeldwebel empfing uns zum Frühstück mit ihrer außerordentlich

117

hübschen Praktikantin und Tellern mit
gefüllten Pfannkuchen. Wir schlugen
ordentlich zu, aber irgendwann war auch
unser Hunger gestillt und wir fuhren
wieder weiter, natürlich nicht ohne uns
für die Gastfreundschaft zu bedanken.

*

Aber bei dem heutigen Wetter hielt sich
der Spaß am Radfahren in Grenzen. Es
hatte die ganze Nacht geregnet. Und es
regnete unermüdlich weiter.

"Ich liebe es ja, in Regenklamotten Rad zu
fahren."

"Und ich erst, Frieder!"

*

Gleich am Ortsausgang von Dobrzyn Nad
Wisla kam der erste Anstieg und dann der
nächste und der nächste. Und es schüttete
immer mehr. Das Wasser lief uns trotz
guter Regenklamotten irgendwann in die
Schuhe, in die Arme und ins Genick. Und
nach den schweißtreibenden Anstiegen
waren wir irgendwann von innen vor
Schweiß genauso nass wie von außen
vom Regen.

*

"Ich hab keinen Bock mehr. Siehst du das Schild, Günnie? 15 Kilometer bis Wloclawek. Da gibt's einen Bahnhof. Wollen wir mal schauen, ob wir von dort ein Stück mit dem Zug fahren können, bis Thorun vielleicht? Es gibt sowieso nur Schnellstraßen von Wloclawek nach Thorun, das macht nicht wirklich Spaß."

*

Völlig durchnässt wie begossene Pudel standen wir am Bahnhof von Wloclawek und warteten auf den Zug nach Thorun. Der Bahnhof hätte die Kulisse für einen Siebziger-Jahre-Ostblock-Film bilden können. Hier war die Zeit stehengeblieben, die grauen Gebäude hatten in den letzten 30 Jahren nicht die geringste Veränderung erfahren.

"Wenn du hier lebst, Günnie, dann bist du echt verratzt. Was für eine trostlose und dreckige Stadt. Schon wie wir reingefahren sind, haben wir doch echt nur so alte, graue Gebäude gesehen. Und bei dem miesen Regenwetter wirkt das alles noch schrecklicher."

Der Döner vom Imbiss vor dem Bahnhof schmeckte genauso wie der Bahnhof aussah. Warum mein Magen den doch behielt, ist mir bis heute ein Rätsel geblieben. Wenn ich der Magen gewesen wäre, ich hätte den Döner wieder ausgespien.

*

Die Zugfahrt durch die verregnete Landschaft ist nicht erwähnenswert. Aber sie brachte den Vorteil, dass wir schon gegen Mittag in Thorun waren und Zeit für Sightseeing hatten.

"Der Pole, den ich aus Deutschland kenne, hat gemeint, dass wir Thorun auslassen können. Das wäre eine hässliche Stadt. Der muss das doch verwechselt haben. Das ist ein Juwel hier. Lauter schöne alte und auch schon restaurierte Häuser. Und die vielen Stadttore in den unterschiedlichsten Baustilen, eines schöner als das andere. In meinem Reiseführer steht, dass die Altstadt von Thorun von der UNESCO zum Weltkulturerbe erklärt wurde. Der muss die Stadt echt verwechselt haben."

Günnie gibt mir kopfnickend recht, als ob

er wüsste, wovon ich rede.

*

"Jetzt hab ich aber langsam Kohldampf."
Günnie hatte vom Stadtrundgang und
dem Besichtigen der alten Häuser und
Gassen genug.

"Da vorne in der Gasse soll es ein gutes
Lokal geben, das ist in meinem
Reiseführer empfohlen. Vielleicht gibt es
da einen freien Platz."

"Gebongt. Wenn du das sagst, dann
machen wir das. Bisher hat mein Frieder
immer gute Lokale ausgesucht."

Und auch dieses Mal hatte ich mit meiner
Wahl voll ins Schwarze getroffen - wie
Günnie unaufhörlich feststellte. Nicht nur,
dass es ein toller Platz war, von dem aus
man die gesamte Fußgängerzone Thoruns
im Blickfeld hatte und dass das Essen
vorzüglich schmeckte. Nein, das Highlight
war die Bedienung mit den schönsten
Augen Polens.

Günnie war völlig aus dem Häuschen.
"Hast du die Katzenaugen gesehen. Das
wär ja was für mich."

Günnie konnte seinen Blick nicht von der blonden Schönen mit dem Namensschild Karolina und den faszinierenden Augen lassen. Damit sie möglichst oft an unseren Tisch kam, bestellte er sich eine Vorspeise, ein Hauptgericht, eine Nachspeise, mehrere Getränke, einen Espresso und einen Sliwowitz.

"Günnie, das ist ja fast schon peinlich, wie du die anglotzt. Die wird sich auch denken, was will denn der alte Sack von mir."

"Das ist mir egal. Ich werde Cateye nie vergessen. Von der werde ich noch oft träumen."

Beim Abschied musste ich ein Foto von Günnie zusammen mit Cateye machen. Das Foto wird er sich wahrscheinlich zuhause auf sein Nachttischschränkchen stellen.

*

Manchmal entscheiden ein paar Minuten über den Verlauf des weiteren Lebens. Wer zu spät kommt, den bestraft das Leben, sagte Gorbatschow.

In Thorun spielte sich an diesem frühen Abend eine kleine Szene ab, die diese Weissagung wieder mal bestätigte und die außer den beiden deutschen Radfahrern, die am Brunnen mitten in der Altstadt eine Eistüte schleckten, wohl niemand wahrgenommen hat.

"Günnie, siehst du die mit dem kurzen roten Kleid und den Stöckelschuhen. Die läuft schon seit ein paar Minuten vor uns am Brunnen auf und ab und schaut ständig auf ihre Uhr und reckt den Hals in alle Richtungen. Jetzt hat sie irgendjemanden mit dem Handy angerufen. Wohl ohne Erfolg."

Die Rotbekleidete stöckelte wieder um den Brunnen herum, kontrollierte erneut die Uhrzeit, schaute sich in der herannahenden Menschenmenge um und zückte ein weiteres Mal ihr Mobiltelefon, um es nach erneutem erfolglosem Anrufversuch wieder in ihre Handtasche verschwinden zu lassen.

"Die ist hier garantiert mit jemandem verabredet. 20 Uhr schätze ich und das ist jetzt. Ob es eine Freundin ist oder ein Verehrer? Wenn es ein Kerl ist, dann muss er sich jetzt aber beeilen, falls er noch einigermaßen pünktlich sein will. Sonst stehen die Chancen schlecht. Aber warum geht er nicht ans Handy, wenn sie anruft?"

Ein weiteres Mal lief die Lady in Red um den Brunnen herum, Ausschau haltend nach ihrem vermeintlichen Rendezvous. Ein erneuter Blick auf die Uhr, es ist zwischenzeitlich 20.10 Uhr, ein weiterer vergeblicher Anrufversuch. Ein paar Schritte hin und her, ein letzter Blick in die Menge und dann fasste sie den Entschluss, dass sie nicht gewillt war, länger zu warten. Wer nicht pünktlich ist, hat mich nicht verdient, wird sie gedacht haben. Energisch machte sie eine 180-Grad-Kehrtwendung und ging für Stöckelschuh-Verhältnisse mit strammen Schritten die Fußgängerzone hinab, in Richtung des Katzenaugenlokals.

"Die hat Recht. Bei einer Verabredung ist man pünktlich. Zehn Minuten vor der Zeit ist des Soldaten Pünktlichkeit. Wenn er jetzt kommt, hat er Pech gehabt." Günnie hatte gedient und wusste, wie man sich bei einem Rendezvous zu verhalten hat.

*

"Da kommt er. Das muss er sein. Ganz
angespannt läuft er am Brunnen hin und
her und sucht seine Verabredung. Die hat
doch gar nicht so schlecht ausgeschaut.
Und ein nettes Figürchen hatte sie auch.
Ja, Pech gehabt, du Depp." Günnie konnte
den polnischen Verehrer nicht verstehen.

"Sollen wir ihm sagen, dass die Dame,
nach der er sich umschaut, vor zwanzig
Sekunden die Straße hinuntergelaufen
ist? Wenn er sich beeilt, erwischt er sie
noch. Lieber nicht, oder? Erstens wird es
ewig dauern, bis der kapiert, was wir
sagen. Und außerdem will ich nicht
Schicksal spielen. Da muss er sein Glück
schon selbst in die Hand nehmen. Wenn
er pünktlich gewesen wäre, hätte er sie ja
hier getroffen."

Günnie stimmte mir zu.

"Er" setzte sich in ein Cafe, trank ein Piwo
und hoffte wohl, dass sie doch noch
erscheinen würde. Wir aber wussten, dass
das nicht passieren wird.

So haben wir ganz nebenbei diese kleine
Szene erlebt und fragten uns, was wohl

aus den beiden geworden wäre, wenn er zwanzig Sekunden früher gekommen wäre.

Ein Sonntagmorgen im August in Thorun. Nichts war zu spüren von dem Leben und der Geschäftigkeit am Abend zuvor. Jetzt wusste ich, wo der Ausspruch "Das ist ja ein Unterschied wie Tag und Nacht" herstammt. Das muss jemandem eingefallen sein, der wie wir einen Samstagabend in der lebhaften Altstadt von Thorun erlebt hat und dann am nächsten Morgen am gleichen Ort steht und denkt, dass dies die ruhigste Stadt der Welt ist.

Auf der Fahrt aus Thorun heraus begegneten wir nicht nur wenigen Menschen, auch die Autos schienen noch in ihren Garagen im Tiefschlaf zu liegen.

*

"Welche Richtung?", Günnie stand an einer Kreuzung und sah mich - wie immer - fragend an.

"Eigentlich Bydgoszcz. Aber erstens kann ich den Namen dieser Stadt nicht aussprechen und zweitens führen da genau zwei Straßen hin und beide sind Bundesstraßen. Wir ändern kurzfristig die Route, lassen diese unaussprechliche Stadt aus und fahren gleich auf einem

127

Nebensträßchen in Richtung Chelmno."

*

Diese Entscheidung war goldrichtig. Wir waren sehr erstaunt, als wir durch die sonntagmorgendlichen Vororte Thoruns durchgehend auf Radwegen fahren konnten.

"An der Weichsel entlang gab's bisher außer in Krakau und in Warschau keinen einzigen Radweg und hier in diesen verschlafenen Dörfern bauen die Radwege wie die Weltmeister."

Auch bei dieser Feststellung gab mir Günnie uneingeschränkt recht.

*

"Frieder, ich hab kein Wasser mehr. Wird langsam Zeit, dass wir irgendwo nachtanken können."

Sonntagvormittag irgendwo im tiefsten Polen, abseits von irgendwelchen Städten in irgendeinem verschlafenen Nest und da tauchte plötzlich ein großer geöffneter Supermarkt auf - und das direkt neben der Kirche, in der gerade der

Sonntagsgottesdienst stattfand.

Die Kirche war proppenvoll, die Türen
des Gotteshauses waren geöffnet, weil es
nicht alle Gläubigen aufnehmen konnte.
Und so versammelten sich die, die keinen
Platz mehr gefunden hatten, auf dem
Vorplatz oder im Kirchengarten und
feierten die Sonntagsmesse bei
Sonnenschein im Freien. Es schien, als ob
alle Einwohner des Dorfes da waren. Alte,
Kinder und auch die jungen
Dorfschönheiten, die kurzberockt
andächtig beteten. Das tiefkatholische
Polen in seiner reinsten Form. Wir waren
fasziniert von diesen Gegensätzen -
einerseits der tiefkatholische Glaube und
dann anderseits die Mädchen mit den
kurzen Röcken. Im Alten Testament
wären die Chicks aus dem Tempel
getrieben worden - hier feierten sie
einträchtig neben den in schwarz
gekleideten Alten die Heilige Messe.

Und dann eine weitere Faszination: Die
Messe war gelesen und alle
Kirchenbesucher wallfahrteten vom
Gotteshaus zum Supermarkt, um dort die
Einkäufe für das Sonntagsessen zu
erledigen.

Undenkbar in Deutschland. Hier würden die Kirchenoberen und die Gewerkschaften Sturm laufen, wenn die Supermärkte sonntags geöffnet hätten - und noch dazu direkt neben der Kirche.

Die Gottesdienste sind gut besucht und die Einkaufsläden machen Umsatz. Eine Win-Win-Situation. Nicht umsonst ist Polen das Land mit dem größten Wirtschaftswachstum in Europa. Hier wird einfach gehandelt und nicht allen Bedenkenträgern recht gegeben.

*

"Frieder, warum muss es immer kurz vor dem Ziel bergauf gehen?"

Stimmt. Vor uns erhob sich der Ort unserer Mittagsrast, die Stadt Chelmno. Und wir mussten eine Steigung bewältigen, die uns einiges abverlangte.

Aber die Anstrengung hatte sich wie immer gelohnt. Chelmno, laut Reiseführer das Juwel des Mittelalters, eröffnete uns den Gesamteindruck eines authentischen mittelalterlichen Stadtbildes, weil die Stadt - wie wir später erfuhren - von Kriegsverwüstungen verschont blieb. Am meisten beeindruckte uns das Rathaus in italienischer Renaissance-Architektur.

Am Rathaus hing eine lange Eisenstange.

In der Tourist-Info erfuhren wir, dass es sich um den sogenannten Kulmer Stab handelte, die Stablänge war die Maßeinheit des Deutschorden-Landes.

*

Ein neu angelegter Weg führte uns durch eine endlose Flussauenlandschaft von Chelmno nach Grudziadz. Unterwegs erstaunte uns immer wieder, welch prächtige neue Villen hier gebaut wurden, mitten in der Pampas. Der wirtschaftliche Aufschwung wurde hier ganz deutlich. Die alten grauen Häuser stehen leer, verfallen oder werden abgerissen und neue Prachtbauten werden direkt daneben errichtet. Ein El Dorado für Bauunternehmen.

*

"Hässliche Stadt!"

Treffender als Günnie konnte man unseren Eindruck nicht formulieren, als wir durch Grudziadz fuhren.

"Hier bleiben wir keine Minute. Das kommt mir hier alles so abweisend vor. Alles so grau. Günnie, so muss es zu Ostblockzeiten hier in Polen überall ausgesehen haben."

Tatsächlich erlebten wir hier genau das Gegenteil der beeindruckenden Stadt Chelmno mit ihren restaurierten Häusern.

Das einzige Positive an dieser Stadt war die gute Beschilderung aus der Stadt heraus.

"Die wollen anscheinend nicht, dass hier jemand länger bleibt. Sonst hätten sie nicht alle paar Meter einen Schilderbaum für alle Richtungen. Grobrichtung Marlbork bitte, Herr Günnie."

*

Zäh wie Kaugummi, so zog sich die Strecke von Grudziadz bis Kwidzyn, unserem anvisierten Übernachtungsort, hin. Irgendwie hatten wir das Gefühl, dass die Straße heute überhaupt kein Ende mehr nimmt. Auf und ab, auf und ab, als hätte jemand das Gelände mit gleichmäßig verteilten Hügeln modelliert.

Abwechslungsreiches Gelände ist ja eigentlich interessanter als nur in der Ebene zu fahren. Nach einem beschwerlichen Aufstieg kann man eine erfrischende Abfahrt genießen und die Muskeln entspannen. Normalerweise. Aber heute nicht.

Warum? Weil wir ab Mittag Gegenwind hatten. Und wie uns der Wind ins Gesicht blies. Na klar, uns wurde dann auch bewusst warum. Wir waren ja nicht mehr allzu weit von der Ostseeküste entfernt. Und die Straße führte schnurgerade auf die See zu. Wenn das jetzt mit dem Wind die nächsten zwei Tage so weitergeht, dann wird das ordentlich kräftezehrend.

Vor allem für mich. Da Günnie überhaupt keinen Orientierungssinn besitzt, habe ich die Ehre, die gesamte Tour vorauszufahren, während mein Günnie mir - an meinem Hinterrad klebend - wie ein treuer Dackel folgt. Und bei Gegenwind heißt das, dass ich gegen den Wind ankämpfen muss und Günnielein locker in meinem Windschatten fahren kann.

Nach vielen Kilometern des Kampfes gegen den Wind rief ich nach hinten: "Günnie, fahr du doch bitte mal voraus." Sinn dieser Aktion sollte natürlich sein, dass ich auch mal im Windschatten Kräfte sparen kann.

Aber das hätte ich Günnie wohl erklären sollen, damit er das auch kapiert.

"Alles klar. Mach ich", kam es von hinten und wie ein Gestörter trat Günnie, vom Windschattenfahren ausgeruht, in die Pedale und fuhr dann voraus, aber nicht direkt vor mir, sondern 200 Meter voraus. Bis zur nächsten Kreuzung, wo er anhielt, weil er ja nicht wusste, wohin wir fahren mussten.

"Du bist mir ja ein Held, Günnie. Meinst du, es bringt mir was, wenn du 200 Meter vor mir herfährst? Du solltest voraus fahren, also vor mir, damit ich auch mal im Windschatten fahren kann."

"Ach so. Sag es doch gleich. Wie soll ich das denn wissen?" Da hatte er Recht. Mein Günnie braucht klare Anweisungen, selbstständiges Denken ist nicht so seine Stärke.

Es kam wie befürchtet. Wir hatten den Ostseewind den ganzen Tag im Gesicht. Meter für Meter kämpften wir uns vorwärts, die modellierte Hügellandschaft nahm kein Ende. Auf jedem Hügel durchfuhren wir eine andere Stadt, wie zum Beispiel Sztum, der einzigen Stadt, deren Namen mir an diesem gegenwindigen Tag auf dieser Strecke in Erinnerung blieb.

*

Außer Marlbork, auf deutsch Marienburg, benannt natürlich nach der gleichnamigen Burg. Aber das war nicht irgendeine Burg. Nein, es war die größte Burganlage Polens und einer der größten Backsteinbauten Europas und UNESCO- Weltkulturerbe.

Und wie bei allen bekannten Sehenswürdigkeiten war auch hier der Touristenrummel enorm. Riesige Busparkplätze wurden für die Pauschaltouristen angelegt. Verkaufsstände aller Art prägten das Bild um den Eingang zur Burganlage herum. Studenten in Rittergewändern und mit Holzschwertern bewaffnet sorgten für die Unterhaltung der Kinder, die mit ihren Eltern in den Sommerferien einen Ausflug zur Marienburg unternahmen. Der übliche Konsum- Nippes halt, wie man es auch in gleicher Art und Weise beim Schloss Neuschwanstein findet.

"Das ist ein Gerät!"

Ich dachte, Günnie hätte eine Blondine mit großen Brüsten entdeckt.

"Die Burg, meine ich."

Er hatte Recht. Die trutzige Marienburg wirkte von der Brücke aus, die vom gegenüberliegenden Ufer herüberführte und auf der wir jetzt standen, sehr beeindruckend.

Wir betrachteten die riesigen Gebäude und waren fasziniert von diesem Anblick.

*

"Jetzt muss ich aber mal dringend schiffen." Direkter als Günnie konnte man es eigentlich nicht formulieren.

"Da vorne gibt's Toiletten. Aber da stehen schon zig Menschen Schlange. Das wird ein wenig dauern, bis du dich erleichtern kannst."

"Das kannst vergessen. Bis ich da dran bin, hab ich in die Hose gemacht. Wir fahren mal um die Burg außen rum, da finden wir sicher ein ruhiges Plätzchen."

Und so war es auch. An der zum Fluss Nogat zugewandten Burgseite gab es zwei Türme, die neugierige Blicke vom Tun meines Reisebegleiters abhielten.

Da stand er nun, der gute Günnie und urinierte an den frisch restaurierten Turm der Wehranlage.

"Du bist ja echt ein Kulturbanause. Das wenn die Deutschorden-Ritter im Mittelalter gesehen hätten, dann hätten sie dir den Zipfel abgeschnitten."

"Ist mir egal, Hauptsache ich bin erleichtert. Und der einzige, der das gesehen hat, ist der Maurer da oben."

Tatsächlich blickte ein Arbeiter, der gerade die Mauern neben dem Turm über uns ausbesserte, auf uns herab, schüttelte den Kopf und warf uns einige Sätze entgegen, die wir gottseidank nicht verstanden.

*

Über Dörfer, in denen die Zeit
stehengeblieben war, ging es von
Marlbork in Richtung Elblag.

*

"Schau, Günnie. Wie bei uns in den 60iger
Jahren. Das findest du in Deutschland
nirgendwo mehr."

Wir standen in einem Mini-Dorfladen in
einem dieser Dörfer ohne rennende
Uhren und blickten mit leuchtenden
Augen auf die Verkaufstheke. Die gesamte
Theke bestand aus Bonbonfächern. Wir
wurden wieder zu kleinen Jungs und
füllten unsere Tüten mit Bonbons aus
allen Schubbern.

Das ganze erinnerte mich an die Storck-
Riesen-Werbung, in der sich der
erwachsene Peter beim Kauf einer
Packung Storck-Riesen in einem heutigen
Supermarkt daran erinnert, wie er als
Kind die Storck- Riesen in einer
Papiertüte gefüllt im Laden von Tante
Käthe bekommen hat.

Das erste Bonbon zerging im Mund, gleich

darauf das zweite einer anderen Sorte. Zwei Middle-Ager wurden beim Genuss dieser Süßigkeiten zurückversetzt in ihre Kindheit und die Erinnerungen an längst vergangene Tage wurden von Kauvorgang zu Kauvorgang lebendiger. Ja, damals, in der guten alten Zeit, als die die Sandalen noch wasserdicht waren.

Apropos wasserdicht. Es fing an zu tröpfeln.

"Darf ich dich aus deinen Kindheits-träumen reißen, Günnie? Es fängt an zu nieseln und wir sollten uns beeilen, damit wir in Elblag sind, bevor es richtig zu regnen anfängt."

*

Ein Stück weit fuhren wir am Oberländer Kanal entlang, auf dem einmal am Tag ein Schiff von Elblag nach Ostroda fährt. Das Besondere daran ist, dass dieses Schiff auf einem Teilstück auf Schienen über einen Berg gezogen wird, weil der Kanal hier zu schmal und daher nicht schiffbar ist. Die Fahrt von Elblag nach Ostroda dauert einen ganzen Tag. Leider hatten wir nicht die Zeit, um diesem Schauspiel beiwohnen zu können.

*

Wenn man nach Elblag hineinfährt, ohne
zu wissen, dass man in Polen ist, dann
könnte man auch denken, man wäre auf
Rügen oder einer deutschen Stadt an der
Ostsee. Neu gepflasterte Straßen, neu
renovierte oder neu gebaute
Häuserzeilen, Cafés, Restaurants, Hotels -
alles ,was das touristische Herz begehrt.
Nur halt nichts Eigenständiges, was eine
polnische ehemalige Hansestadt
ausmachen könnte.

"Ja. Nett hier. Aber Nett ist ja der kleine
Bruder von Scheiße." Günnie und sein
Talent, es mit wenigen Worten auf den
Punkt zu bringen.

Für Kowalski-Pauschal-Touristen ist das
hier sicher ein Paradies. Überall
Restaurants mit der Aufschrift "Wir
sprechen Deutsch" oder "Deutsche
Gerichte". Warum bleiben die nicht gleich
daheim in Castrop-Rauxel und gehen in
ihrem Stammlokal zum Essen. Da fahren
die zweitausend Kilometer nach Polen an
die Ostseeküste, um dort ihr Wiener
Schnitzel oder ihre Original bayerische
Schweinshaxe zu essen. Zwei
Individualtouristen, die das Land

entdecken wollen, passten hier aber nicht her. Wir fuhren weiter Richtung Danzig.

*

Die Fahrt durch das Nogat-Delta, das Gebiet westlich von Elblag, wo die Nogat sich in viele Nebenflüsschen verzweigt, genossen wir fast schweigend.

Was für eine eigentümliche Stimmung lag hier über dem Land, wenn die Sonne langsam dämmerte und sich ein Schleier über die Flüsschen und die Wiesen legte. Der Blick erschien leicht benebelt, wie in einem David-Hamilton-Film. Zärtliche Cousinen war der Titel des Films, an den ich mich erinnern konnte.

Wir genossen jeden Meter und hofften, dass der Weg und der Tag nie enden mögen. Kein Kameramann kann solche Bilder zaubern, wie wir sie hier live erleben durften.

Ein Storch flog über uns hinweg und landete auf einem abgeernteten Feld neben dem Weg. Er hatte sich zu seinen Storchenfreunden gesellt, mindestens zwanzig an der Zahl standen dort, keine zehn Meter von uns entfernt. Wenn man in Westdeutschland ein Storchennest auf einem Kamin entdeckt, wird das als Sensation in der örtlichen Tageszeitung abgedruckt. Hier lebt man zusammen mit den Störchen wie bei uns zu Hause mit Tauben und Schwalben.

Wir standen auf einer Brücke und schauten einem Hausboot entgegen, das von der Ostsee kommend in Richtung Landesinnere fuhr. Als das Boot direkt unter uns hindurch tuckerte, konnten wir erkennen, dass hier ein älteres Ehepaar seinen Ruhestand auf diesem Boot verbringt. Händchen haltend winkten sie uns zu, wir winkten zurück. Das Boot fuhr unter der Brücke hindurch, entfernte sich Meter um Meter von unserer Brücke und verschwand dann ganz langsam am Horizont. Was für eine Idylle. Wer noch nie mit dem Fahrrad ein Land bereist hat, kann diese Momente des puren Glücksempfindens im Einklang mit der Natur nicht nachempfinden.

Ganz langsam glitten wir weiter über die von Storchengruppen gesäumten Wege durch das Nogat-Delta.

*

"Das gibt's ja nicht. Schau mal da vorn, Günnie. Siehst du das Zeichen da an dem Baum?"

"Eine gelbe Muschel auf einem blauen Schild. Kenn ich doch irgendwoher. Was war das noch gleich?"

"Du bist echt Mister Alzheimer. Kannst du dich wirklich nicht mehr an diesen Wegweiser erinnern? Den haben wir mal drei Wochen lang jeden Tag gesehen. Das ist der Wegweiser für den Jakobsweg, Günnie. Auf dem sind wir vor zehn Jahren mal zweitausend Kilometer lang gefahren und du erinnerst dich nicht mehr? Ich habe aber nicht gewusst, dass der Jakobsweg auch durch Polen verläuft. Wieder was dazugelernt."

"Na da bin ich aber beruhigt, dass auch der Herr Frieder nicht allwissend ist. Bleib mal stehen, ich mach ein Foto mit dir vor dem Jakobsweg-Wegweiser. Und jetzt wo du es sagst, erinnere ich mich dran. Klar, der Jakobsweg."

*

In Nowy Dwor Gdanski fanden wir eine
Übernachtung im einzigen Hotel der
Stadt, der Willa Joker.

Außer uns übernachtete heute nur ein
deutsches Lesben-Paar im gleichen Hotel.
Die beiden waren in ihrem gelben Audi
Kombi auf dem Weg ins Baltikum und
legten hier einen Zwischenstopp ein.

Nachdem die beiden erst am Vormittag in
Deutschland losgefahren waren und jetzt
ihr erstes Abendessen in Polen
einnahmen, fragten sie uns, was wir denn
als Spezialität empfehlen würden.

"Pierogi" klang es zweistimmig aus
Günnies und meinem Mund.

"Das war eindeutig." meinte der
männliche Teil der beiden Mädels und
bestellte für sich und seine,
beziehungsweise ihre Begleiterin zwei
Mal Pierogi.

Günnie gönnte sich heute eine süße
Nachspeise mit Eis und verschiedenen
Früchten. Als krönenden Abschluss seiner
Abendspeise schlürfte er das

144

zwischenzeitlich zu einer Flüssigkeit geschmolzene Eis vom Teller, indem er den Teller an seinen Mund führte und das flüssige Eis in seinen Mund fließen ließ.

"Mann Günnie! Das macht man doch nicht im Lokal, und schon gar nicht, wenn Damen am Nebentisch sitzen."

"Aber es ist doch so geil, den Teller auszuschlecken. Und außerdem sind das zwei Lesben, da mach ich sowieso keinen Stich."

"Günnie, Günnie. Mit dir mach ich was mit."

Letzte Etappe. Ziel Danzig.

Es regnete in Strömen. Kein wirklich schöner Abschlusstag.

Eingepackt von Kopf bis Fuß in Regenklamotten ging es am frühen Vormittag los.

"Von Nowy Dwor Gdanski führt der Karte nach ein Sträßchen schnurstracks geradeaus zur Ostsee. Und ab Stegna geht's dann immer am Meer entlang bis Danzig", erklärte ich Günnie die heute geplante Wegstrecke.

"Am Meer entlang fahren. Geil. Es müsste dann nur noch aufhören zu schiffen." Günnies bekannter Wortschatz hatte sich in den letzten Tagen nicht erweitert.

Ganz so perfekt war die Strecke dann leider nicht.

Es hörte zwar nach einigen Kilometern auf zu regnen, die Regenklamotten wurden wieder verpackt. Aber das in der Karte eingezeichnete Sträßchen entpuppte sich als Hauptzufahrtsstraße zu den Ferienorten an der Ostsee und so bretterten Fahrzeuge mit

Autokennzeichen aus allen Teilen Polens und Deutschlands ohne Unterlass an uns vorbei. Schön ist anders.

Und der Weg führte auch nicht direkt am Meer entlang. Bei dem in der Karte eingezeichneten Grünstreifen zwischen Straße und Meer handelte es sich nämlich nicht um eine Grasfläche, wie man sie zwischen den Deichen und der Nordsee gewohnt ist. Nein, es war ein Kiefernwald. Und dazu ein durchgehender. Der Wald gab keinen einzigen Blick auf das Meer frei.

"Na toll. Jetzt sind wir am Meer und sehen es nicht." Günnie war enttäuscht.

Und weil es am Vormittag regnete und der graue Himmel immer noch wolkenverhangen ein miesepetriges Gesicht zog, wusste die gesamte Urlauberschar, die hier an der Ostsee Quartier bezogen hatte, dass man diesem Tag als Badetag knicken konnte.

Und daher setzten sich heute alle Pauschalurlauber in ihr Auto und fuhren zum Shoppen nach Danzig.

So hatten wir das tolle Vergnügen, dass

wir den ganzen Weg bis Danzig von Blechkarossen-Schlangen begleitet wurden. Die Autos stauten sich bei jeder Kreuzung zurück, ebenso mussten zwei Fährüberfahrten auf dem Weg nach Danzig gemeistert werden.

Die Autoschlange kam daher nur im Kriechtempo vorwärts. Aus den Blechkisten glotzten uns die Insassen, meist Familien mit eins, zwei, drei oder vier Kindern, wie entgeistert an, als wir mit unseren bepackten Drahteseln an den kriechenden Autos vorbeizogen.

"Günnie, das muss ja ein Vergnügen sein, mit quengelnden Bälgern im Auto eine Stunde auf die Fähre zu warten."

Wir konnten ohne Wartezeit an den Autos vorbeifahren und auf die Fähren gelangen, die uns über die Weichsel und einige Kilometer später über einen Nebenarm der Weichsel brachten.

Eine steife Brise wehte durch unser Haar, als wir wie Leonardo di Caprio auf der Titanic am Bug der Fähre standen.

*

"Gdansk. Wir haben es geschafft." In Siegerpose streckte ich die Hand gen Himmel.

Tatsächlich, wir hatten das Ortsschild von Danzig erreicht. Allerdings befanden wir uns noch im Industrieviertel, Raffinerien und rauchende Fabrikschlote wirkten nicht sehr einladend. Über eine breite Einfallstraße wurden wir zusammen mit unzähligen Lastwagen in die Innenstadt geführt.

"Da vorne geht der Radweg los. Jetzt geht's zum Endspurt, Günnie."

Wir verließen die mehrspurige Straße und bogen auf den neu gepflasterten Radweg ein.

Im gleichen Augenblick querte ein Kind, aus dem Nichts kommend, den Radweg und tauchte plötzlich vor Günnie auf. Vollbremsung auf dem vom Regen am Vormittag noch nassen Pflastersteinen, Rutsch, Platsch - und da lag er schon langgestreckt auf dem Boden.

"Ja, leck mich doch am Arsch." Was hätte man als Günnie in diesem Moment sonst sagen sollen.

"Jetzt sind wir unfallfrei tausend Kilometer über gottverbotene Straßen und Wege mit Schlaglöchern und Bundesstraßen entlang gefahren und auf einem neu gepflasterten ebenen Radweg am letzten Tag in Danzig haut es mich auf die Fresse." Günnie haderte mit seinem Schicksal.

"Was war denn das für eine Zirkusnummer, Günnie? Bist du so müde, dass du dich auf den Boden legen musst? Tut's weh?"

"Das Knie blutet und die Hüfte ist irgendwie geprellt. Aber ein Indianer kennt keinen Schmerz. Bin nicht schnell genug aus den scheiß Klickis rausgekommen." Mit Klickis meinte er die Klickpedale seines Gary Fisher Fullys.

"Ich dachte, du wolltest den Boden küssen, weil wir unser Ziel erreicht haben. So wie der Papst, wenn er in ein anderes Land fliegt und sich dann nach dem Aussteigen aus dem Flugzeug küssend auf den Boden wirft."

Pflaster auf die Wunde, Satteltaschen gerichtet und weiter Richtung Zentrum.

*

"Da ist ja die Hölle los. Wo kommen denn die ganzen Menschen her, Frieder. Und überall diese Marktbuden."

Tatsächlich wurden wir am Goldenen Tor von Danzig von Menschenmassen empfangen, die ein Durchkommen mit Fahrrädern unmöglich machten.

"Das habe ich ja ganz vergessen. Anfang August findet hier immer der sogenannte Große Markt statt. Und das ist jetzt. In der ganzen Innenstadt, und die ist nicht klein, sind Marktstände aufgebaut. Das ist hier eine der Touristenattraktionen schlechthin. Deswegen diese Menschenströme. Hoffentlich finden wir da noch ein Zimmer."

Direkt nach dem Stadttor leuchtete uns das Schild "Informacja Turystyczna" der Tourist-Info entgegen. Ich ging hinein, Günnie wartete mit den Rädern vor dem Eingang. Wie immer halt.

Neben mir stand noch ein weiteres zimmersuchendes Ehepaar an der Theke.

"Wow. Sie haben auch schon Danzig erreicht?" fragte mich der weibliche Teil des Pärchens auf Deutsch.

"Wie meinen Sie das?" fragte ich etwas verblüfft zurück.

" Wir haben Sie beide mit ihren Fahrrädern schon in Warschau gesehen. Es gibt ja nicht allzu viele Radtouristen in Polen. Eigentlich haben wir außer Ihnen keinen gesehen. Und jetzt waren Sie mit dem Rad genauso schnell in Danzig wie wir mit dem Auto. Respekt."

Ehre wem Ehre gebührt, dachte ich.

*

Dank der freundlichen englisch-sprechenden Dame im Tourist-Office fanden wir ein Zimmer in einem Appartementhaus, nicht weit von der Altstadt entfernt. Wir bezogen das Zimmer, öffneten die Vorhänge und schauten aus dem Fenster auf ein riesiges Kreuz mit drei Ankern.

"Weißt du, was das ist, Günnie?"

"Keine Ahnung."

Das hätte ich mir denken können, war ja auch eine rhetorische Frage.

"Das ist das Denkmal für die gefallenen Werftarbeiter beim Streik der Arbeiter der Danziger Werft. Der Streik hat damals zur Anerkennung der Gewerkschaft Solidarnosc geführt, der ersten unabhängigen Gewerkschaft eines Ostblocklandes. 1980 muss das gewesen sein. Das war mitentscheidend für die Wende 1989. Und wir wohnen direkt neben diesem historischen Ort. Das habe ich ja wieder mal bestens organisiert."

"Wie immer, Papa Frieder."

*

Wir tauchten auf dem Großen Markt in Danzig in die Menschenmenge ein und ließen uns durch die Gassen zwischen den wunderschön restaurierten Häusern mit den Marktständen treiben. Bernsteinschmuck wurde allerorten angeboten, ebenso leckere Köstlichkeiten für den Gaumen.

Die mit Schmalz beschmierten und mit einer Gewürzgurke garnierten Holzofenbrote mussten wir probieren, ebenso den frittierten Käse.

Und an einer auf offenem Feuer gegrillten Schweinshaxe kamen wir natürlich auch nicht vorbei. Dazu frisch gezapftes Piwo. Was für ein krönender Abschluss unseres Polentrips.

Wir standen am frühen Morgen im
Bahnhof von Danzig.

"Wann fährt der nächste Zug nach Krakau,
Frieder?"

"Wenn ich den Fahrplan richtig lese, dann
fährt in einer Stunde ein Zug mit
Fahrradwaggon nach Krakau. Passt. Ich
hole die Tickets, du bleibst hier bei den
Fahrrädern."

"Ich rühr mich nicht von der Stelle, Chef."

*

Obwohl es noch vor 7 Uhr am Morgen
war, gab es im Bahnhof von Danzig schon
ein reges geschäftiges Treiben. Männer in
Businessanzügen mit Aktentaschen in der
Hand eilten zu ihren Zügen, die sie zu
ihren Geschäftspartnern brachten.

Reisende rollten ihre Koffer durch die
Bahnhofshalle.

Gescheiterte Existenzen kauerten am
Boden in jeder Ecke und bettelten die
Vorbeigehenden an.

Vor dem Kasy Biletowe, dem Fahrkartenschalter, bildete sich schon eine lange Schlange.

Aber gottseidank gab es nicht nur einen Schalter, sondern deren fünf, die sich unter dem Schild "Kasy Biletowe" verborgen hatten.

Und so ging es ziemlich schnell, bis ich an der Reihe war.

Die Anzeigentafel zeigte als nächsten freien Schalter die Nummer 1 an. Ich marschierte zu dem Glaskasten mit der Aufschrift 1.

"Hello. Do you speak English?" fragte ich die bebrillte Dame im Schalterkasten, worauf sie mich anschaute, als ob ich ihr gerade den Krieg erklärt hätte.

"Nie." Sie schüttelte den Kopf.

"Deutsch?"

Wieder schüttelte sie den Kopf.

"Wie soll ich denn jetzt zwei Fahrkarten und zwei Radtickets kaufen, wenn die mich nicht versteht.", sagte ich laut zu mir. Da kam mir eine Idee.

Ich nahm einen Stift aus der Tasche und ein Stück Papier - Frieder war wie immer bestens organisiert - und schrieb „7.45 Uhr Krakow" auf das Papier. Den Zettel hielt ich an die Scheibe des Schalters, so dass sie ihn lesen konnte. Dazu hob ich zwei Finger in die Höhe. Sie nickte und tippte auf ihre Tastatur und schon kamen irgendwelche Papierstreifen aus dem Drucker. Sie schrieb mir den Preis auf einen Zettel.

Ich schüttelte den Kopf und sagte "And two bicycles, please". Sie schaute mich erneut ungläubig an.

Ach so, Englisch kann sie ja nicht. Das kann doch wohl nicht wahr sein, dass eine Bedienstete am Fahrkartenschalter im Bahnhof Danzig, der größten Touristenmetropole Polens, in dem täglich hunderte ausländische Touristen ihre Tickets kaufen, kein Englisch spricht.

Ich fragte mich, wie ich ihr erklären soll, dass ich noch zwei Fahrradtickets brauche. Soll ich zwei Fahrräder auf einen Zettel malen? Nein, mir fiel was Besseres ein.

"Günnie! Günnie!"

Günnie reagierte nicht. Das lag zum einen daran, dass er auf einem Ohr von Geburt an taub ist und dass in der Bahnhofshalle ein wahnsinniger Geräuschpegel herrschte. Ich musste lauter schreien.

"Günnieee! Gü-ü-nni-i-ee!"

Das hatte jetzt wohl jeder in der Bahnhofshalle gehört, so laut hatte ich geschrien.

Alle Augen in der Warteschlange hinter mir schauten zuerst mich an und dann Günnie.

"Ja, hier. Was ist?" Er hatte mich tatsächlich auch gehört.

"Halt mal dein Fahrrad in die Höhe, damit es die Frau am Schalter sehen kann."

"Mach ich. Wart mal kurz. So, jetzt."

Da stand mein guter Günnie mitten in der Danziger Bahnhofshalle und stemmte sein Fahrrad samt Packtaschen wie ein Gewichtheber in die Höhe.

Ich schaute zur Schaltermutti, deutete mit der einen Hand auf das Fahrrad und hob mit der anderen Hand zwei Finger in die Höhe.

Sie hielt sich die Hände vors Gesicht und schüttelte erneut den Kopf. Die muss doch jeden Abend Kopfschmerzen bekommen, wenn die den ganzen Tag nur den Kopf schüttelt, dachte ich mir. Aber dann nickte sie, tippte wieder auf ihrer Tastatur herum, druckte wieder irgendwas aus und gab mir die ganzen ausgedruckten Papierstreifen. Auf zwei der Streifen waren Fahrradsymbole. Sie hatte die Aktion also verstanden.

Ich bezahlte die Tickets und verstaute sie in meiner Tasche.

"Kann ich das Fahrrad wieder runterlassen? Das ist sauschwer", hörte ich es auf einmal aus der Mitte der Bahnhofshalle rufen.

Ach du grüne Neune. Dem Günnie hatte ich ja ganz vergessen Bescheid zu sagen, dass er sein Fahrrad wieder auf den Boden stellen kann. Jetzt war der arme Kerl die ganze Zeit dagestanden und hatte sein Fahrrad mit den schweren

Packtaschen in die Höhe gehalten.

"Ja, du kannst loslassen. Es hat funktioniert."

Die Dame im Fahrkartenglaskasten hielt sich erneut die Hände vors Gesicht und schüttelte wieder den Kopf. Ich überlegte, ihr ein Päckchen Aspirin gegen die bevorstehenden Kopfschmerzen zu geben.

*

"Welcher Bahnsteig?"

"Peron 2, Günnie, Da ist ein Pfeil, da geht's zum Bahnsteig 2."

"Fuck, da geht's zwanzig Treppenstufen runter. Jetzt müssen wir die Bikes mit den schweren Satteltaschen da runtertragen."

"Und drüben wieder die Treppen rauf, Günnie. Behindertengerecht ist in Polen anscheinend noch ein Fremdwort. Die EU wird das künftig richten."

*

Nachdem wir die Räder mit den verdammt schweren Satteltaschen zwanzig Treppenstufen hinunter unter und dann wieder zwanzig Treppenstufen hinauf geschleppt hatten, waren wir am Bahnsteig, Peron 2, angelangt. Ein kurzer Blick auf die Anzeigetafel sagte uns, dass wir richtig waren: 7.45 Uhr Krakow.

Außer uns standen noch dreißig bis vierzig weitere Menschen und ein Rennradfahrer ohne Gepäcktaschen da und warteten auf den Zug nach Krakau. Es war jetzt 7.30 Uhr, wir hatten also noch gute fünfzehn Minuten bis zur Abfahrt. Also müsste der Zug wohl so in 10 Minuten einfahren. Wir warteten.

Um 7.40 Uhr sagte ich: "Jetzt wird er gleich kommen. Bin mal gespannt, wo die Waggons für die Räder sind."

Um 7.44 Uhr kam eine Durchsage, natürlich nur auf Polnisch. Ich verstand nur das Wort "Peron", ansonsten verstand ich nur Bahnhof, was zu dem Ort passte.

Hektisch packten die vierzig Leute auf dem Bahnsteig ihre Koffer und Taschen, der Radfahrer schulterte sein Rennrad, und alle rannten - wie von der Tarantel gestochen - los, die Treppe hinunter und die andere Treppe drüben wieder hinauf.

"Was ist denn jetzt los? Wo rennen die jetzt alle hin, der Zug kommt doch gleich.", wunderte sich Günnie.

"In der Durchsage war irgendwas von Peron die Rede. Wenn die nach der Durchsage jetzt alle zu dem anderen Bahnsteig rennen, dann kommt der Zug wahrscheinlich auf Bahnsteig 1. Günnie, schultere dein Bike und dann die Treppe runter und drüben wieder rauf."

"Ja, Leck mich doch am Arsch. Die spinnen, die Polen. Erst zerren wir das Rad mit den schweren Taschen die Treppe runter und die andere Treppe rauf und jetzt geht das gleiche Spiel wieder in die andere Richtung." Günnies treffende Feststellung in der ihm eigentümlichen Sprache.

"Maul nicht, Günnie, der Zug kommt schon gefahren."

Also mussten wir wieder mit den Rädern und den schweren Satteltaschen die

zwanzig Treppenstufen runter und
drüben wieder zwanzig Stufe rauf zum
Peron1. Der Zug war zwischenzeitlich
schon da, die ersten Reisenden waren
bereits eingestiegen.

"Wo ist der Fahrradwaggon, Frieder?"

"Keine Ahnung. Hab noch kein Radsymbol
gesehen. Auf, einfach in den nächsten
Waggon rein, bevor der wegfährt, das
wird schon irgendwie gehen."

Wir wuchteten also unsere Räder,
zusammen mit den Satteltaschen dran, da
zum Abmachen der Taschen keine Zeit
blieb, in die Tür des nächstbesten
Waggons. Völlig außer Puste standen wir
neben unseren Rädern im Zwischenraum
zum Abteil und überlegten, wo wir die
Räder hinstellen sollen, als plötzlich der
Schaffner am Bahnsteig erschien und
irgendwas auf Polnisch zu uns sagte.

"Was will denn der Kasper jetzt schon
wieder?" Günnie schaute mich fragend an.

"Keine Ahnung. Aber so wie der mit den
Händen fuchtelt stimmt irgendwas nicht.
Und mit Kasper wär ich vorsichtig, der ist
hier die Obrigkeit."

"He says, we must go out and go to the bicycle wagon. It's the first wagon." Das war der polnische Rennradfahrer ohne Gepäck, der uns die Polnische Anordnung der Schaffner-Obrigkeit ins Englische übersetzte.

"Wieder raus wuchten und vorne in den andern Waggon wieder rauf wuchten? Die können mich langsam mal." Günnie wurde sauer.

"Nützt aber nix, mein Freund. Befehl ist Befehl und wer Befehl nicht befolgt wird bestraft"

"Ja, Papa Frieder, man wird sich doch noch aufregen dürfen."

Es gab tatsächlich einen eigenen Fahrradwaggon. Endlich hatten wir Mensch und Maschine dort, wo sie hingehörten. Wir setzten uns hin. Pfiff. Und der Zug fuhr los. Back to Krakau.

*

"Wo müssen wir aussteigen, Frieder?"

"Krakow dworzec glowny, steht zumindest auf unserer Fahrkarte. Ich geh mal davon aus, dass die Typen hier alle da aussteigen. Der Zug endet ja in Krakau."

"Was wär ich ohne meinen Papa Frieder."

"Ist gut, Bub."

"Was meinst? Ob mein Auto noch auf dem Parkplatz steht oder schon in Moldawien oder im Kaukasus rumfährt?"

"Wir werden sehen."

*

Der gute alte Ford Focus Kombi stand wirklich noch genau da, wo wir ihn zwei Wochen vorher abgestellt hatten.

Als wir auf das Auto zugingen, kam auch schon der Parkplatzwärter und wir zeigten ihm den Durchschlag vom Parkschein. Er nickte und wir stellten fest: Die passen echt auf.

*

Auf der Rückfahrt nach Deutschland
waren es wieder mal 30 Grad im Schatten.
Wie hatten wir es doch vermisst, ohne
Klimaanlage bei offenem Fenster Auto zu
fahren.

*

"Und? Wohin machen wir unseren
nächsten R(o)ad-Trip, Frieder? Ich habe
einen Arbeitskollegen aus Kasachstan, der
hat mir vorgeschwärmt, wie schön es da
ist. Wir könnten doch ..."

"Vergiss es, Günnie, Erst muss ich mal die
Polen-Tour mit dir verarbeiten. Aber
dann ... schau mer mal ..."